Trude Marzik

Einfälle, Zwischenfälle, Zufälle

mit bisher
unveröffentlichten
Texten
aus dem
Nachlass

KRAL
VERLAG

Alle Rechte vorbehalten
© 2017 Kral GmbH, Kral Verlag
J. F. Kennedyplatz 2, 2560 Berndorf, Tel.: 0660 – 435 76 04
E-Mail: office@kral-verlag.at, www.kral-verlag.at

Zusammengestellt von: Alexander König

Umschlag und Buchgestaltung:
Tina Gerstenmayer, D&K Publishing Service
tina.gerstenmayer@dkwp.at I www.dkwp.at

Schrift: Palatino Linotype

Fotonachweis: © Die Bilder sind aus dem Nachlass Trude Marzik
sowie von Hedi Typolt
Liedrechte: Radio Wienerlied Musikverlag,
Inh. Marion Zib-Rolzhauser

Erschienen in Berndorf im September 2017
ISBN 978-3-99024-696-2
Erste Auflage / Gedruckt in der EU

Inhaltsverzeichnis

Einfälle

"Wo nehmen Sie nur die Ideen her?" werde ich oft bewundernd gefragt. Und man hält mich für einen Ausbund an Phantasie.

Weit gefehlt. Ich bin sehr schlecht im Erfinden von Geschichten. Allerdings bin ich eine gute Zuhörerin, eine Beobachterin. Die Menschen interessieren mich halt. Es ist nicht zu glauben, was man da alles hört oder sieht. Solches lässt sich einfach nicht erfinden. Also schreib ich's auf.

Bei fast jedem meiner Gedichte kann ich sagen, woher der Einfall kommt, welches Erlebnis der Auslöser war, oder wer von meinen Freunden mir etwas erzählt hat, das so skurril war, dass ich es notiert und später verarbeitet habe.

Ein Einfall muss rasch festgehalten werden, meist auf irgendeinem Zettel, der gerade zur Hand ist. Einfälle neigen nämlich dazu, sich zu verflüchtigen, wenn man sie nicht aufschreibt. Besonders wenn das Gedächtnis schon nachlässt.

Damit aber aus einem flüchtigen Einfall, aus etwas Erzähltem oder Erlauschtem oder selber Erlebtem ein Gedicht wird, muss gearbeitet werden. Das geht manchmal ganz leicht, manchmal muss man sich plagen, den Einfall, der einem erst so köstlich vorkam, in eine Form zu bringen und, wenn irgend möglich, mit einer Pointe zu versehen.

Dass ich zur kleinen Form neige, zum Gedicht oder höchstens zu Skizzen in Prosa, hängt mit meiner Ungeduld zusammen. Ausführlich und genau zu erzählen habe ich nie gekonnt, wie etwa meine Freundinnen oft haargenau, ausführlich und detailgetreu Filme zu schildern. Einen Roman zu schreiben, mit hunderten von Seiten, wäre mir gänzlich unmöglich.

Diese meine Eigenschaft hätte mich beinahe meinen bei Schularbeiten sonst üblichen Einser bei der Deutschmatura gekostet. Dabei war es ein wunderbares Thema! (Ich war übrigens die einzige, die es gewählt hatte, die Kolleginnen arbeiteten sich meistens an damals, im Dritten Reich, üblichen Problemen wie Vererbung und Rassenlehre ab.) Es hieß, ich weiß es noch genau: „Die Bedeutung der Kunst im Leben des Menschen – mit besonderer Berücksichtigung der deutschen Klassik."

Ein Thema, über das man Bände schreiben könnte und auch geschrieben hat. Aber nicht von mir.

Ich brachte in stundenlanger Arbeit viereinhalb Seiten zustande. Viereinhalb!

Ein paar Tage nach der „Schriftlichen" wagte ich es, meine Deutschprofessorin zu befragen, ob sie meine Arbeit schon angeschaut hätte.

„Sehr schön, Marzik!" sagte sie. Und setzte seufzend hinzu: „Aber soviel kurz!"

Ein „Sehr Gut" hat sie mir trotzdem gegeben.

Altweibersommer

Nach diesem tropisch-heißen, nicht endenwollenden Sommer ist der heurige Herbst wunderbar. Ein Oktobertag, wie er schöner nicht sein kann: kühl, beinahe frostig in den Morgenstunden, der Himmel tiefblau, mit der Sonne eine langsame Erwärmung, um die Mittagszeit eine so angenehme Temperatur, dass die Wohnung wie ein Gefängnis erscheint und man sehnsüchtig ins Freie strebt.

Wohin? Bei mir war der Kahlenberg angesagt. Die Fernsicht müsste wunderbar sein, die Autobusverbindung ist ausgezeichnet. (Die Zeit der Familienausflüge, zu Fuß, mit Rucksack und Proviant auf dem Buckel, ist ja längst vorbei.)

Die Aussicht ist heute atemberaubend. Nachdem ich mich satt geschaut habe, suche ich ein sonniges Plätzchen zum Sitzen und Lesen. Auf dem Weg zur Stefaniewarte gibt es etwas abseits ein paar stille Bankerln, die für meine Zwecke geeignet scheinen. Zwei ältere Frauen sitzen bereits, in ein Gespräch vertieft. Ich lasse mich schräg gegenüber nieder und nehme mein Buch aus der Tasche, ein englischer Krimi, recht spannend bis jetzt. Die beiden werden mich wohl nicht stören.

Zu früh gefreut. Sie unterhalten sich recht ungeniert und denken nicht daran, die Stimmen zu dämpfen. Ob ich es will oder nicht, ich muss mithören.

„Sie haben einen Stephansturm auf dem Mantel – gehen sie denn schon wieder sammeln, die Kinder? Heute ist doch Montag – wieso

sammeln denn die am Montag? Sonst fangen s' doch am Freitag an, und natürlich am Samstag. Also ich find das ja eine Frechheit, die Kinder zum Sammeln schicken statt in die Schule. Solln lieber was lernen statt mit der Büchsen spazieren gehen. Und dann heißt's, die Kinder sind überlastet. Und erst die Lehrer! Die armen Lehrer! Zwei Monat Ferien, einen halben Tag Schule – und noch immer sind sie nicht zufrieden, und tun streiken. Den Lehrern passt's natürlich, wenn die Kinder mit der Sammelbüchse durch die Stadt gehen, ist weniger anstrengend als unterrichten."

Sie denkt nicht daran, ihre Stimme zu dämpfen, im Gegenteil, sie wird noch ein wenig lauter, damit ich sie gut hören und, so hofft sie, an ihrem Gespräch teilnehmen könnte. Ich denke freilich nicht daran, sondern tue, als sei ich in mein Buch vertieft. Lesen ist nicht möglich, die Dame redet pausenlos weiter, aggressiv und in voller Lautstärke. Ihre Nachbarin hört anscheinend widerspruchslos zu – es bleibt ihr nichts anderes übrig.

„Wozu die Kirche noch bei jeder Gelegenheit sammeln geht! Für den Stephansdom, für die Armen, für die Mission, in der Kirche geht bei jeder Mess der Klingelbeutel herum. Na, von mir kriegen sie nichts, das hab ich mir geschworen! Die Kirche schwimmt doch im Geld! Allein, was die vielen Reisen vom Papst kosten – da könnt man halb Afrika ernähren. Aber nein, da wird in Afrika eine Riesenkathedrale gebaut, und der Papst kommt noch hin zur Einweihung!

Und bei uns werden die Leute gepfändet, wenn sie die Kirchensteuer schuldig bleiben! Aber ja, wenn ich es Ihnen doch sag! Eine Bekannte von mir ist vorgeladen worden ins erzbischöfliche Palais, damals war noch der Kardinal König, und sie hat ihre Papiere vorlegen müssen wegen der Kirchensteuer, und da hat er gesagt, nicht der König, sondern ein anderer im Vorzimmer, ah, eine Pension haben Sie, und Ihr Mann auch, und Telefon haben Sie und einen Fernseher, da kann es Ihnen nicht so schlecht gehen, also müssen Sie zahlen. Da sagt sie – sie hat das ja eh vorgehabt – da sagt sie,

sie weiß eine bessere Lösung, sie tritt nämlich aus. Aber nachzahlen hat sie müssen, 100 Schilling, das war damals viel Geld. Und wissen Sie, was sie gemacht hat? Sie hat einen Sack mit lauter 10 Groschen Stückeln mitgehabt, die hat sie ihm auf den Tisch geleert, und hat gesagt: 100 Schilling genau! Zähln Sie's nach! Das ist eine Gemeinheit, hat er hinter ihr nachgeschimpft, aber da war sie schon draußen. Lauter Prunkräume, hat sie erzählt, und Perserteppiche, dass man drin versinkt."

Sie lugt zu mir herüber, ob ich mitgehört habe, ob ich mich nicht an dem Gespräch beteiligen will. Auf die Kirche schimpfen ist doch ein lohnendes Thema. Nein, ich lasse mich nicht ködern, starre in mein Buch und simuliere gebanntes Lesen. Zum Glück ist es ein englischer Krimi, ich könnte also gut und gern eine Ausländerin sein, die nicht Deutsch versteht. Diese Frau ist ein Phänomen: nicht einmal zum Atmen scheint sie eine Pause zu brauchen. Ihre Nachbarin hat keine Chance, ihre Meinung zu äußern. Dass sie nicht endlich genug hat und fortgeht! Aber ich bleibe ja auch, zwar genervt, aber doch irgendwie fasziniert.

„Der Kardinal König wohnt ja jetzt bei den geistlichen Schwestern auf der Gumpendorferstraße. Neulich hat er sich den Fuß gebrochen, haben Sie's gesehen im Fernsehen? Fast hundert ist er, und trotzdem haben sie ihn operiert. Na ja, wenn einer prominent ist ... Bei uns werden bestimmt nicht so viele G'schichten gemacht, wenn wir einmal so alt sind. Den Krankenkassen geht es ja hint und vorn nicht zusamm, die Alten werden immer mehr. Am liebsten würden uns die Jungen eh schon weghaben. Also, die Gumpendorferstraße schaut jetzt aus – eine Schande ist das! Überhaupt unser Bezirk ..."

„Unser Bezirk", sagt sie. Die muss in meiner Nähe wohnen, womöglich kennt sie mich sogar – ein gruseliger Gedanke! Am besten nicht hinschauen, im Buch blättern, und hoffen, dass sie mich nicht gar direkt anspricht.

„Der Ganslwirt, kennen Sie den Ganslwirt? Nein? Also, das war einmal ein feines Restaurant, ein erstklassiges. Wissen Sie, was da jetzt drin ist? Eine Drogenberatungsstelle! Für Süchtige! Ja, die Süchtigen gehen dort ein und aus, sogar übernachten dürfen sie dort! Und das Postamt – Sie kennen das Postamt? Gleich bei der Haltestelle vom 57er? Nein? Also das ist jetzt auch nicht mehr, und wissen Sie, was da jetzt drin ist? Eine Beratungsstelle für Haftentlassene! Nur mehr Gsindel rundherum! Kein Wunder, dass ein Geschäft nach dem andern zusperrt. Der Fleischhauer hat zugesperrt, der Anker hat zugesperrt, kein Obstgeschäft, kein Gemüsegeschäft gibt es mehr. Aber Esslokale dafür mehr als genug: Chinesisch kann man essen, und Japanisch, und Griechisch, und was weiß ich was sonst noch. Lauter Ausländer, nix wie Ausländer. Wenn ich denk, was es da alles früher gegeben hat: den Friseur, die Trafik, das große Obstgeschäft, den Bäcker, den Fleischhauer, die Milchfrau – alles weg. Nur mehr Gsindel, ausländisches. Am Naschmarkt erst recht, da hört man kein deutsches Wort mehr! Da macht sich die Russenmafia breit – Standeln, Wohnungen, überall nur Russen. Im Hintergrund natürlich, verkaufen tun die Tschuschen, aber gehören tut alles den Russen.

Und die Taschendiebe! Man kann nicht genug aufpassen! Bandenweise kommen s' aus dem Ausland, als Touristen reisen s' ein, bei uns überfallen sie die Banken, die Supermärkte, sogar die armen alten Frauen auf der Straße, am hellichten Tag! Und erwischen lassen sie sich nicht, ins Auto hinein und über die Grenze. Und die Polizei ist machtlos. Ich bin froh, dass ich schon so alt bin. Es ist nimmer schön bei uns in Wien. Ja, Wien, die Lipizzaner und die Sachertorten, und die Sängerknaben – aber sonst ... und vielleicht noch der Opernball. Was sagen Sie, was der Lugner immer aufführt mit seinen überwuzelten Gästen! Jemandem dafür zahlen, dass er auf den Opernball geht! Ich möchte nicht wissen, wieviel er zahlen muss, dass er eine einfliegen lasst, und dass sie Autogramme gibt in seiner Lugner City, und dass sie dann neben ihm und der Mausi in der Loge sitzt. Na ja, Werbung, alles wegen der Werbung. Dass die Frau Sacher, eigentlich heißt sie ja Gürtler, das mitmacht ... Aber elegant ist sie schon, das muss ihr der Neid lassen.

Also, an einer Sachertorte kann ich nix finden, da kann sie bei mir nix verdienen. Überhaupt mach ich die Mehlspeisen alle selber, ist viel billiger, und man weiß, was man hat. Neulich, wie mein Mann seinen Nachmittagsschlaf gemacht hat, hab ich schnell Linzer Augen gemacht, die isst er nämlich gern."

Einen Mann hat sie auch, die Vielrednerin! Wie kann ein Mensch das nur aushalten? Muss ein Heiliger sein. Oder taub. Aber sicher ist sie eine gute Hausfrau. Und natürlich sehr von ihren Qualitäten überzeugt.

„Der Teig ist ja schnell gemacht. Die Butter nehm ich immer aus dem Eiskasten, muss nicht vorgewärmt werden, ich schneid sie mit dem Messer, dann schnell auswalken. Ausstechen tu ich sie mit einem Glas, in den Oberteil gehören eigentlich drei Löcher, aber ich nehm ein Likörglas und mach nur ein Loch, genügt auch. Und natürlich Marillenmarmelade, selber eingekochte. Ich koch immer selber ein, das gekaufte Zeug heißt doch nix. Gebacken sind sie ja schnell die Linzer Augen. Und wenn mein Mann aufwacht, sind sie schon fertig."

Danke, es reicht. Ich klappe mein Buch zu, ohne auch nur eine Seite gelesen zu haben. Liebe geht durch den Magen, geht mir durch den Kopf. Szenen einer Ehe. Man kann auf verschiedene Arten glücklich sein.

Die Sonne steht schon recht tief. Es wird kühl. Ich strebe der Bushaltestelle zu. Die beiden Frauen sitzen noch immer auf der Bank. Der Ehemann tankt vermutlich im Schlafe neue Kraft. Er wird sie brauchen. Dann wird sie nach Hause kommen, ihn aufwecken. Mit Linzer Augen. Oder gar mit frischen Kokosbusserln ...

Ein guter Jahrgang

Mir, in der Straßenbahn sitzend, ist er sofort aufgefallen, als er bei der Oper den D-Wagen bestieg. Er war schön. Ja, wirklich, ein schöner alter Herr, elegant, mit Hut und Kamelhaarmantel. So ähnlich schauen die Modelle im Prospekt von Peek & Cloppenburg aus. Hochgewachsen, braungebrannt, weißhaarig. (Wie voll oder wie schütter die Haare waren, ließ sich durch den Hut nicht abschätzen.) Mit ihm stiegen zwei andere ein, die gegen ihn, was das Äußere betrifft, stark abfielen.

Der Schöne musterte mich schon beim Einsteigen. Und auch später, als er schon saß, blickte er immer wieder zu mir herüber. Dann sprach er mich an: „Helfen Sie mir! Ich kenne Sie noch vom Heinz Conrads! Der Name fällt mir nicht ein!"

„Nein, ich werde Ihnen nicht helfen!" lächelte ich. „Denken Sie nur nach, ich wette, in der Nacht wird er Ihnen einfallen! Ich weiß das ja von mir!"

Er wandte sich an einen seiner Gefährten, ob der mich nicht kenne und ihm mit meinem Namen aushelfen könne. Er konnte nicht.

Aber der Dritte rettete die Situation, er wusste, wie ich hieß. Und sagte laut und deutlich meinen Namen. „Ja, richtig!" riefen die beiden anderen. Und sie würden mich ja seit Jahren kennen, aber eben das Namensgedächtnis ...

„Na ja, wenn man, so wie ich, nächstes Jahr 82 wird, darf man schon vergesslich sein!" sprach der schöne Mann, und er wartete auf meinen verwundernden Ausruf, er sehe doch viel jünger aus. So war er es gewöhnt. „Und der da", – er deutete auf seinen Freund – „wird auch im Februar 82!" Ich tat den Herren nicht den Gefallen, mich über die Diskrepanz zwischen Aussehen und Alter zu wundern. Im Gegenteil: auch ich würde nächstes Jahr 82, trumpfte ich auf. Keiner tat den üblichen Ausruf, dass man mir das nicht ansehe.

„Ein guter Jahrgang!" Darüber waren wir uns alle einig. Dass ich, als Frau, den Achtziger erreichen konnte, war bei der oft festgestellten Langlebigkeit des weiblichen Geschlechts nicht weiter verwunderlich. Aber bei den Männern war ein solch gesegnetes Alter eine Rarität. Sogar den Krieg hatten sie überstanden!

Na ja, irgendein Leiden hatte wohl jeder aufzuweisen. Der hohe Blutdruck mache ihm zu schaffen, bekannte der Schöne. Als er begann, mir die Medikamente aufzuzählen, die er einnehmen müsse, wechselte ich schnell das Thema.

„Und Ihr Freund", – ich wies auf denjenigen, dem mein Namen eingefallen war, „Ihr Freund hat wohl ein besseres Gedächtnis? Welches Medikament nimmt denn der?"

„Ah der!" meinte der schöne Mann verächtlich. „Der ist ja erst zweiundsiebzig!"

Die anderen beiden taten den Mund nicht auf. Er, der große, selbstbewusste, Gutaussehende, führte das große Wort. Als er ansetzte, mir seine weiteren Leiden und einschlägigen Medikamente zu schildern, waren wir beim Südbahnhof angelangt, wo sich unsere Wege trennten. Wieder einmal musste ich feststellen, dass die Stimme (und was sie sagte) selten mit dem Äußeren übereinstimmte.

Ein Gedicht, vor Jahren geschrieben, fiel mir ein:

„Der Pfau
Der Schönheit, die ihm Gott gegeben,
der Schönheit nur weiht er sein Leben.
Er liebt den Beifall, schlägt sein Rad
und trägt, stolz wie ein Potentat,
auf seinem Kopf, der etwas klein,
ein Krönelein.

Doch plötzlich stellt man fest beklommen:
Nichts auf der Erde ist vollkommen!
Kaum lässt er tönen seinen Schrei,
ist's mit der Schönheit schon vorbei.
Die Stimme, die ist miserabel.

Sei schön – doch bitte:
Halt den Schnabel!"

Bücher schreiben

Schreiben habe ich, wie die meisten Menschen, in der Schule gelernt, und es hat mir, wenn man von einigen technischen Anfangsschwierigkeiten absieht, (die unnütze Quälerei etwa, ohne Linien eine gerade Zeile zustande zu bringen oder die Buchstaben mit noch ungelenker Hand dazu zu bringen, die gleiche Größe beizubehalten) immer Freude gemacht.

Meine Schulaufsätze waren flüssig und wurden meist vorgelesen, es regnete Einser und Römische Einser, ich wurde anerkannt und dadurch zu besonderen Leistungen beflügelt. Ich tat mir's leicht, in der Volksschule und auch noch in der Mittelschule.

Damals war ich noch im Stande der Unschuld, ich schrieb drauf los, hemmungslos, weil ich nicht ahnte, welche Fallstricke unsere schöne, aber schwierige Muttersprache zu legen imstande ist.

Als junger Mensch ist man so gescheit, wie man sein ganzes Leben lang nicht mehr sein wird. Wird man reifer, reift auch die Erkenntnis, dass man eigentlich nichts weiß; die Bildungslücken werden so groß wie die Löcher im Emmentalerkäse, die Unschuld ging längst verloren, und die Befangenheit, das Wissen um die eigene Unzulänglichkeit, wird immer größer.

Wie schön war es seinerzeit, ein neues Heft anzufangen! Das Papier sah so glatt und weiß aus, man konnte darüber streichen, das erweckte Lustgefühle ähnlich wie das Streichen über den kühlen, glatten Arm der Mutter, wenn sie einen zu sich ins Bett nahm.

Die erste Seite schrieb ich besonders schön und sorgfältig und nahm mir vor, das Heft ebenso säuberlich zu Ende zu führen. Aber wer kann schon gute Vorsätze ausführen ...

Das Lustgefühl beim Anblick eines unbeschriebenen Blattes Papier ist bei mir auch jetzt noch vorhanden, sozusagen ein Überbleibsel aus der Kinderzeit. Aber bei dem Gedanken, diesem Papier die Unschuld zu rauben, es mit meiner Hand- oder Maschinschrift, jedenfalls aber mit meinen Gedanken bedecken und beflecken zu müssen, verschwindet es. Das Lustgefühl. Leider nicht das Papier.

Ich scheue davor zurück wie ein Esel.

Wie leicht habe ich damals einen Aufsatz geschrieben! Ich wusste, den würde höchstens die Lehrerin lesen, und sie war eine wohlwollende Lehrerin. Eingebettet in ihre Zuneigung habe ich mich sicher gefühlt und mir vieles zugetraut, habe manches riskiert und gewusst: Es kann dir nix gschehn!

Heute, heute weiß ich, dass mein Geschriebenes nicht von einer gütigen Lehrerin beurteilt, sondern von einem tifteligen Verlagslektor zerpflückt, von herben Kritikern zensiert und von einem Publikum gelesen wird, das dafür bezahlt; heute wiegt jedes Wort zentnerschwer, und ich versuche alle möglichen Tricks vor mir selber, um nicht anfangen zu müssen.

Bei Gedichten ist es ein bisschen leichter. Sie sind kürzer, jedes für sich abgeschlossen; wenn eines fertig ist, legt man es in die Lade und kann es vergessen. Ist die Lade voll, sieht man die Gedichte durch, ordnet sie zu einem Buch, und die Sache hat sich.

Bei einem Prosabuch ist es viel schwieriger. Erstens ist es länger. Ich verliere da leicht den Faden und weiß bei der letzten Seite nicht mehr, ob ich das nicht am Anfang oder zwischendurch erzählt habe. Von der Schwierigkeit, den rechten Stil zu finden, der nicht hochgestochen, aber auch nicht primitiv ist, damit er beim Lautlesen nicht zu geschwollen klingt, aber auch nicht gar zu naturbelassen, will ich gar nicht reden. Ein besonderes „Kräutel" hauen mir da die Konjunktive und Imperfekta hinein, die unsereinem in der Hochsprache unnatürlich vorkommen. Von diesen Schwierigkeiten will ich erst gar nicht reden. Aber das Neuformulieren, das Umstellen und Umschreiben, nochmals und nochmals, ist so zeitraubend, und erst recht verwirrend.

Ich glaube, ich habe für das Prosa schreiben zu wenig Geduld, aber doch immer wieder Sehnsucht danach.

Ich kann es drehen, wie ich's will: Das Schreiben ist für mich kein Vergnügen und kein Kinderspiel mehr.

Ich bin, wenn man's genau nimmt, eher irrtümlich in diesen Beruf hineingerutscht, der meinem Wesen recht wenig entspricht. Mein Mitteilungsbedürfnis ist nicht groß, ich neige auch nicht zum Exhibitionismus, im Gegenteil, ich habe immer vermieden aufzufallen. Die „Lust zu fabulieren" ist überhaupt nicht vorhanden. Herzensergüsse gebe ich erst recht nicht von mir, weder schriftlich noch mündlich.

Es gibt ja Leute, aus denen sie sprudeln sie nur so, die Herzensergüsse. Bei mir reicht es nur zu einem spärlichen Tröpfeln. (Deshalb habe ich auch den Ordner, in dem ich angefangenes Literarisches aufbewahre, „Die Dichtung tröpfelt weiter" beschriftet.) Ich fühle keinen Zwang in mir, schreiben zu müssen, um Vergangenes zu bewältigen, mir etwas von der Seele zu reden oder einen Protest hinauszubrüllen, weil ich finde, dass dies zwar für die Hygiene der eigenen Seele nützlich sein mag, aber für andere Menschen kaum interessant.

Wozu dienen eigentlich Bücher? Sie sollen bilden oder unterhalten.

Ich, für meine Person, habe mich für die Unterhaltung entschieden. Warum nur wird Unterhaltungsliteratur so geringschätzig behandelt?

Im Kopf sind alle Bücher schön und bedeutend. Erst beim Niederschreiben werden sie verdorben. Es ist allerdings viel schwieriger, die Leute zu unterhalten, als sie zu langweilen.

Merkwürdig ist nur, dass man vor dem, was Langeweile erzeugt, größere Hochachtung hat. Und schon gar, wenn es langweilig, unverständlich und preisgekrönt ist. Nicht jeder hat den Mut zu sagen: „Das versteh ich nicht!"

Offenbar war das schon zu Lessings Zeiten so:

> „Wer wird nicht einen Klopstock loben!
> Doch wird ihn jeder lesen? Nein.
> Wir wollen weniger erhoben
> und fleißiger gelesen sein."

Mein geliebter Nestroy tat einen Ausspruch, den ich mir sogar einrahmen ließ:

> „G'fallen sollen meine Sachen, unterhalten, lachen sollen d'Leut, und mir soll die G'schicht a Geld tragen, dass ich auch lach, das ist der ganze Zweck."

Das Schreiben und das Lesen

Bücher in der Familie

Die unsägliche PISA-Studie ist wieder einmal über uns hereingebrochen, das Resultat ist noch schlechter als beim letzten Mal. Österreichs Schulsystem gibt Bildungsdefizite von einer Generation zu nächsten weiter, so heißt es.

Besonders schlimm stehe es mit dem Lesen, jammern die Fachleute. Anlass genug, einmal in der eigenen Familiengeschichte zu forschen.

Meine Großeltern habe ich (bis auf eine Großmutter) nicht gekannt. Wie es um ihre, der Großeltern, Lesefähigkeiten bestellt war? Und um ihre Deutschkenntnisse?

Der bürgerliche Malermeister, Josef Marczik, stammend aus dem ungarisch-slowakischen Eck der Monarchie, hat er Deutsch gesprochen? Mit ungarischem Akzent? Meine böhmische/mährische Großmutter, die mit dem unehelichen Kind, die den Witwer mit den vielen Kindern geheiratet hat, hat sie geböhmakelt? Konnte sie lesen? Vermutlich hat ihr die Zeit dazu gefehlt. Schließlich war der blinde Mann zu versorgen, die erheirateten Kinder, die lungenkranken, zu begraben und die eigenen aufzuziehen.

Ihr Mann, der seinem Bäckerberuf nicht mehr nachgehen und die Familie nicht ernähren konnte – Deutsch sprechen konnte er freilich, er stammte ja aus Franken. Über seine Schulbildung ist nichts bekannt.

Und meine Großmutter, die einzige, die ich noch kannte? Die Franziska Mühlberger, aus der Wachau, auf ihr lastete die Verantwortung, mir, ihrem Enkelkind vorzulesen und den Grundstein zu meiner Bildung zu legen. Das Büchlein, ein Erbauungsbüchlein, aus dem sie mir vorgelesen haben dürfte, ist, zwar recht zerlesen und ramponiert, aber noch erhalten. Und ihr Gebetbuch, in das sie auf der Einbandseite die Familiendaten eingeschrieben hat, die Geburts- und Sterbedaten ihrer Kinder. In sorgfältiger Kurrentschrift. Schreiben können war damals offenbar wichtiger als Lesen. Vor allem Schönschreiben. Eine schöne Handschrift war wichtig für jegliche Büroarbeit. Briefe, Rechnungen – wer konnte damals schon Maschinschreiben.

In einem kleinbürgerlichen Haushalt, wie dem unseren, war seinerzeit kein Platz für Bücher. Die Kästen waren klein, gerade groß genug für die bescheidene Kleidung zum Hängen und zum Legen für die Bettwäsche. Bücherkasten gab es keinen. An eine Stellage kann ich mich erinnern, was darauf abgelegt wurde? Vielleicht die Noten meines geigenspielenden Vaters.

Ein einziges Buch aus seinem Besitz, mit seinem Namensstempel versehen, ist mir erhalten: Schillers Dramen in einem Band. Das war mir später, als meine Theaterleidenschaft erwacht war, zum Rollenlernen unentbehrlich.

Onkeln, Tanten – von keinem von ihnen ist mir ein Hang zum Bücher lesen in Erinnerung. Eine von ihnen, die Tante Käthe, eine angeheiratete rührende Frauensperson, die bei uns gelegentlich als Wäscherin aushalf, war sogar, so hieß es, Analphabetin. Die konnte es nicht einmal, das Lesen, selbst wenn sie es gewollt hätte. Und der Rudi Onkel? Der sprach sogar Englisch, der chauffierte in seinem eleganten Autotaxi reiche Amerikaner durchs Land – ob er gelesen hat? Sicherlich hat er schon den Wert höherer Bildung erkannt und dafür gesorgt, dass sein Bub, der Hansi, als Lehrling im Hotel Bristol unterkam und Fremdsprachen lernte.

Lesen und schreiben konnten sie alle (bis auf die Käthe), weil es für ihre Berufe notwendig war – im Büro, bei der Straßenbahn, für die Bastelanleitungen. Und fürs Zeitung lesen. Dass man Bücher zum Vergnügen gelesen hat, ist mir nicht in Erinnerung. Zum Vergnügen wurde Karten gespielt, Rummy oder Tarock, die Mutter strickte, der Vater spielte Geige und vergnügte sich mit seinem Schrammelquartett. Es wurde Radio gehört und Zeitung gelesen. Aber Bücher?

Mit meinem Erscheinen in der Familie dürften auch die Bücher ihren Einzug gehalten haben, Bilderbücher vorderhand, die man mir vorlas, so oft, bis ich sie auswendig kannte, die Verslein, und dann so tat, als könnte ich schon lesen. Das Lesen brachte ich mir, so wird berichtet, an Hand der Maggiflasche bei, die bei uns bei jeder Mahlzeit auf dem Tisch stand. Der Hang zum gedruckten Wort dürfte sich bei mir schon sehr früh manifestiert haben, und wurde von den Eltern freudig unterstützt. Man ließ mich lernen, was damals möglich war: Englisch, Klavierspielen.

Sehr günstig wirkte sich aus, dass in der Volksschule, und zwar alle vier Klassen hindurch, die wunderbare Frau Baar ihr segensreiches Wirken entfaltete. Ihre Kinder, besonders die zwei jüngeren, wurden meine innigsten Freunde und Gefährten der frühen Spiele, angeregt durch die Nibelungensage, die Ritter- und Heldenepen. Die beiden älteren Geschwister dienten uns wohl unbewusst als Vorbilder. Einmal haben wir uns sogar an die Lektüre von Goethes Faust herangewagt (im Volksschulalter!) und behauptet, die Handlung zu verstehen.

Jedenfalls war mein Gabentisch von da an immer reich gedeckt mit Büchern. An einzelne kann ich mich noch erinnern: an manche Märchen von Anneliese Umlauf-Lamatsch mit den bezaubernden Illustrationen von Ernst Kutzer, an „Pickerl", an die „Hegerkinder in der Lobau", an „Das Ratstöchterlein von Rothenburg", an Thea von Harbous „Nibelungenbuch" nach dem großartigen Stummfilm, Grimms Märchen, Hauffs Märchen.

Und später, schon im Gymnasium, begann die Leidenschaft für Karl May, die ich mit meinen Schulfreundinnen teilte, so sehr, dass die Anni bis ins hohe Alter ihren Decknamen „Hadschi" behielt.

Seither ist das Lesen zur Sucht geworden, mit unterschiedlichen Vorlieben im Lauf eines langen Lebens. Aber ohne nicht wenigstens ein paar Seiten zu lesen gibt es kein Einschlafen. Im Lauf der Zeit ist mein Bücherbesitz beängstigend angewachsen. Stellagen wurden vergrößert, neue angeschafft. Man schwor sich, keine Bücher mehr zu kaufen, aber auf seltsame Weise wachsen immer wieder welche nach, geschenkt oder selber geschrieben.

Jedoch die Technik schreitet in rasender Geschwindigkeit voran, der Computer mit seinen Suchmaschinen macht Bücher überflüssig, vielbändige Nachschlagewerke und Enzyklopädien werden durch Knopfdruck dank Google raumsparend ersetzt. Romane können in reicher Zahl elektronisch konsumiert werden, eine ganze Stellage findet in einem einzigen E-Buch Platz.

Nun könnte man die Bücherstellagen durchforsten und abstoßen, was sich an Ballast durch Jahrzehnte angesammelt hat.

Doch wohin damit? Welches Antiquariat, welcher Flohmarkt nimmt heutzutage noch Bücher? Altpapiercontainer? Bücher in den Müll? Das käme mir so sündhaft vor, wie seinerzeit, als Brot wegwerfen als Todsünde galt.

Zufälle

Es war nie mein Herzenswunsch, einmal Bücher zu schreiben. Es hat sich halt so ergeben. Durch Zufall. Oder Fügung. Oder Schicksal.

Das Schreiben ist mir schon in frühesten Jahren leicht gefallen. Meine Aufsätze wurden in der Schule immer vorgelesen. Bald habe ich mich kühn mit Reimereien versucht. Auch später, im Berufsleben, sind mir so manche spaßige Verslein gelungen, zu verschiedenen Anlässen, und ich habe damit zur Unterhaltung der Kollegenschaft beigetragen.

Aber ernsthaft Bücher schreiben – nein, das wollte ich eigentlich nie.

Wenn ich nicht eines Tages durch eine gute Freundin einen leidenschaftlichen Literaturliebhaber kennengelernt hätte, der passabel Klavier spielen konnte, und auch sonst einen hervorragenden Gesprächspartner abgab, der mich zu literarischem Tun ermutigte, zu Versübersetzungen aus dem Englischen etwa, und der meine ersten Mundartgedichte lobte, hätte ich mich überhaupt nicht an die Öffentlichkeit getraut.

Wenn mein Sohn nicht, heranwachsend, sich einem Mädchen zuwandte, was mich zu dem Wortspiel „Mei Bua hat a Madel" veranlasste und sich später zu einem

Gedicht entwickelte, welches kunstlose Werk ich bei der Hochzeitstafel einer staunenden Gästeschar vortrug, wäre an sich nichts passiert.

Weil ich aber nach der sommerlichen Hochzeit meines Sohnes ermattet in Italien Erholung suchte und nach zwei Wochen Strandleben und einer ermüdenden Autofahrt in Wien, während ich den Koffer auspackte, den Fernseher einschaltete und Heinz Conrads sehen konnte, der Mundartgedichte von Georg Strnadt vorlas, weil ich aber plötzlich die Idee hatte, ihm, dem Conrads, den ich gar nicht kannte, eines meiner Gedichte zur Ansicht zu schicken, und dies auch ohne Hemmungen tat, kann man das wohl als den Anfang meiner literarischen Karriere betrachten.

Einen so langen Satz will ich nie wieder schreiben.

Ich hatte also tatsächlich einem mir fremden Publikumsliebling einen Brief geschrieben, ein Gedicht zur Ansicht beigelegt, nämlich das oben erwähnte „Mei Bua", und diesen Brief auch ohne zu zögern ins Postkastel geworfen.

Tags darauf, wieder im normalen Alltagstrott, hatte ich die Sache vergessen.

Der Antwortbrief, der ein paar Tage später eintraf, in dem Heinz Conrads (etwas kühl und ohne Begeisterung) ankündigte, er werde dieses Gedicht am nächsten Sonntag in seiner Rundfunk Morgensendung vorlesen, traf mich völlig unvorbereitet. Mit einer Antwort hatte ich tatsächlich nicht gerechnet. Ich fühlte mich daher verpflichtet, mir diese Radiosendung, die ich bisher noch nie konsumiert hatte, diesmal anzuhören.

Es war, ich muss es gestehen, ein merkwürdiges Erlebnis. Mehr nicht.

Dass damit ein Stein ins Rollen gekommen war, konnte ich nicht ahnen.

Es dauerte nicht lange, da meldete sich eine Sekretärin des Rundfunks und wollte von mir auf Verlangen etlicher Hörer wissen, aus welchem Buch denn Heinz Conrads das Gedicht vorgelesen hätte. Ich musste gestehen, dass von einem Buch keine Rede war. Der Titel „Aus der Kuchlkredenz" war mir seinerzeit für die kleine Gedichtsammlung eingefallen, quasi zum Hausgebrauch. Die freundliche Rundfunkdame riet mir, mich doch um einen Verlag umzusehen, denn eine so heftige Publikumsreaktion sei eigentlich selten.

Nun war Handlung angesagt, und zwar meinerseits. Und genau das lag nicht in meiner Natur. Was tun? Sich um einen Verlag umsehen? Wie macht man das? Ich war zwar eine eifrige Bücherleserin, hatte aber keine Ahnung davon, wie ein Buch entsteht. In meiner Not wandte ich mich an meinen Buchhändler, einen reizenden, mir höchst sympathischen Buchliebhaber, der seine Bücher so liebte, dass er mit jedem Buch, das er verkaufte, ein Stück Herz weggab, so schien es mir. Diesem liebenswürdigen Menschen vertraute ich mich an und fragte um Rat, wie man denn das anstelle, sich um einen Verlag umzusehen. Und wer denn für Mundartgedichte in Frage käme.

Nun kam mir wieder der Zufall zu Hilfe. Rein per Zufall hatte der Buchhändler die bewusste Heinz Conrads-Sendung gehört, also auch das bewusste Gedicht. Zufällig hatte es ihm gefallen. Da er nun die Urheberin kannte und meine Hilflosigkeit bemerkte, bot er seine Hilfe an und reichte mein Manuskript bei diversen Verlagen herum.

Große Erleichterung meinerseits!

Eine lange Geschichte kurz gemacht. Der liebe Buchhändler, gewissenhaft wie er war, berichtete mir von Zeit zu Zeit getreulich, an welchen Verlag er meine Gedichte geschickt, und welcher Verlag dankend abgelehnt hatte. Aber, siehe da, eines Tages meldete sich der Zsolnay Verlag und bat mich um einen Besuch. Ein knappes Jahr später war mein Opus 1, die „Kuchlkredenz" geboren. Was sich als Zäsur in meinem bisherigen Leben herausstellen sollte.

Wie ich zum Musikgeschäft gekommen bin? Wieder ganz ohne eigenes Zutun.

Weil die Frau des damals vielbeschäftigten Johannes Fehring, von ihrem Mann beauftragt, geeignete Texte aufzutreiben für die erste geplante Schallplatte mit dem beliebten Schauspieler Kurt Sowinetz, in einer Buchhandlung zufällig auf mein erstes Buch, die „Kuchlkredenz", gestoßen war, es kaufte und ihrem Mann zur Ansicht heim brachte, wurde ich zur Mitarbeit als Textautorin animiert.

Wir fanden einander sofort sympathisch, ich wurde in den Mitarbeiterkreis einbezogen, lernte die anderen Textautoren und Musiker kennen – eine für mich neue Welt, in der ich mich gleich wohl fühlte. Es gab eine Menge zu lernen, denn beim Texten für Musik herrschen eigene Gesetze, besonders was Rhythmus und Sangbarkeit betrifft.

Es blieb nicht bei der ersten, sehr erfolgreichen Platte für Sowinetz, es folgten mehrere für ihn aber auch für diverse andere Schauspieler, die sich als Chansonsänger und -sängerinnen geeignet fühlten und es auch mit Bravour taten.

Diesen hervorragenden Künstlern Texte auf den Leib zu schneidern, war eine besonders reizvolle Aufgabe. Dass ich sie dazu persönlich kennenlernen musste, ja durfte, erhöhte den Reiz. Plötzlich befand ich mich ohne besonderes Zutun im Kreise prominenter Bühnenkünstler, durfte für sie arbeiten, kam sogar mit dem deutschen Fernsehen in Kontakt, weil Johannes Fehring mit dem damals auf dem Höhepunkt stehenden Peter Alexander freundschaftlich verbunden war. Und weil ich mich inzwischen als brauchbar erwiesen hatte, verlangte man von mir zwei Chansontexte für Peter den Großen, die von ihm bravourös interpretiert wurden und zum Glück auch auf einer LP konserviert sind. Verschiedene Bearbeitungen, ganz subtile natürlich, musste ich an einer Anzahl bekannter Lieder für die damals produzierten Schallplatten vornehmen, um sie aktueller oder sangbarer zu machen. Auch Parodien für die große Tournee musste ich auf Fehrings Verlangen verfassen. Sogar kleine Reparaturarbeiten für Musicals, die am Theater an der Wien unter seiner Leitung liefen.

Und weil zufällig der Autor, der sonst das Buch zu den Peter Alexander-Shows schrieb, erkrankte, wurde ich damit betraut und geriet ohne mein Zutun in die Kreise des ZDF, durfte nach Morcote zu den Alexanders fliegen und dort an einer Besprechung teilnehmen, zusammen mit dem Produktionschef, dem Ausstattungschef, der Ballettmeisterin, und was es sonst noch alles braucht bei einer großen TV-Show. Etwas später gab es dann einen Flug nach München zu einer Regiesitzung im Bayrischen Hof. Schade nur, dass ich von der fertigen Show keine Aufzeichnung besitze – Videogerät hatte ich damals noch nicht.

Es war übrigens mein erster und letzter Versuch im deutschen Fernsehen. (Der Textautor war wieder gesundet.)

Inzwischen war ich aber schon längst in jenen gewissen Kreisen bekannt geworden und durfte im österreichischen Fernsehen bei so manchen kleinen Personality-Shows, die es damals gab, als Autor mitwirken, für Helga Papouschek,

Heinz Holecek, Marianne Nentwich. Vielleicht schlummert noch so manches in den ORF-Archiven. Bei mir sind noch etliche Manuskripte dazu vorhanden, Videos leider keine.

Bei einer Veranstaltung, bei der ich wohltätig mitwirkte, lernte ich in den Räumen der Caritas den ebenfalls wohltätig wirkenden Leopold Großmann kennen (und lieben), der mich animierte, bei den legendären Sonntagsmatineen in Gablitz mitzutun, der Spielwiese so mancher Schauspieler und Sänger aus Burg, Josefstadt und Oper unter der hingebungsvollen Leitung von Großmann und Herbert Rischanek-Kosnadol. Ein neuer Freundeskreis tat sich auf, eine erlesene Künstlerschar, die dort am Werken war.

Der Zufall brachte mich während eines Kuraufenthalts im Kneippkurhaus Marienkron mit der wunderschönen Marianne Schönauer zusammen – die ehrwürdigen Schwestern hatten uns an denselben Mittagstisch gesetzt. Eine Freundschaft bahnte sich an: gleiche Interessen, sogar dasselbe Sternzeichen. Marianne integrierte mich sofort in ihren Freundeskreis und Stammtisch, hauptsächlich Theaterleute. Natürlich besuchte ich auch Stift Altenburg, wo sie im Rahmen des niederösterreichischen Theatersommers unter der Regie Dieter Holzingers spielte. Man freundete sich an mit dem Ensemble, ich fuhr sogar eines Tages mit nach Ostdeutschland zu den Lessing Festspielen.

Die Beziehung blieb auch nach Mariannes Tod bestehen. Und weil die Holzingers zufällig ein Interview im Radio hörten, in dem ich erzählte, dass ich als junges Ding meine Bühnenausbildung abgeschlossen hatte, boten sie mir gleich eine Rolle im nächsten Stück in Altenburg an. So gelangte ich durch eine Kette von Zufällen auf die Bühnenbretter, was ich mir als junger Mensch so gewünscht hatte, spielte die Mme Pernelle in Molières „Tartuffe", zuerst in der prachtvollen Barockbibliothek des Stifts, und einige Zeit später sogar in einem richtigen Theater, im Badner Stadttheater.

Aber wie das so ist mit den erfüllten Wünschen: die große Glückseligkeit bleibt aus. Die unerfüllten Wünsche sind die besten.

Rückblickend auf ein langes Leben muss ich feststellen: besondere Aktivität gehört nicht zu meinen Charaktereigenschaften. Ich scheine ein eher bequemer Mensch zu sein. Aber da mir immer wieder der Zufall (oder die Fügung oder das Schicksal) die Weichen gestellt hat, habe ich keinen Widerstand geleistet, sondern versucht, die neuen Aufgaben, die sich mir stellten, so gut wie möglich zu erfüllen. Eine gewisse Neugier, die mich lebenslang begleitet hat, dürfte dazu beigetragen haben …

Gelegenheitsgedichte

Am Anfang meiner poetischen Laufbahn stand das Gelegenheitsgedicht. Die Gelegenheiten ergaben sich im Lauf des Lebens von selbst: Schule, Arbeitswelt, Familie, Freunde.

Als die Schreiberei professionell wurde, nahmen die Gelegenheitsgedichte ab, denn sie waren ja nur für einen besonderen Anlass oder eine bestimmte Person gedacht und waren für einen größeren Leserkreis von wenig Interesse.

Das erste professionelle Gelegenheitsgedicht war, auf Bestellung meines Verlages, die Einladung zur Präsentation meines ersten Buches, der „Kuchlkredenz":

„Allaa bist gar nix! – drum gebts uns die Ehr
und kummts zur Jausen und Büachelpremier
ka Cocktailparty, ka noblichs Diner –
des Buach wird tauft mit an Häferl Kaffee!"

Der Einladung war ein Kaffeehäferl beigefügt, mit Zwiebelmuster wie auf dem Cover des Buches. Diese Idee erwies sich im Nachhinein als günstig, denn jeder Buchhändler, der seinen Kaffee aus dieser Tasse trank, wurde automatisch an mich und mein Buch erinnert, was dem Buchverkauf gut tat.

Allmählich wurde der Leserkreis größer, und immer öfter trafen Wünsche bzw. Bestellungen von Wildfremden ein, die

Gedichte für Geburtstage, Firmenjubiläen und ähnlichen Anlässen von mir wollten.

Man müsste das einmal ernsthaft überlegen: Könnte man solche Art des Schreibens nicht zu einem Beruf machen? „Gelegenheitsdichter", mit einem Taferl an der Tür: „Dichterei en gros, en détail." Und in der besseren Gesellschaft würde man einander fragen: „Wo lassen Sie dichten?" Wäre doch nicht von der Hand zu weisen, und könnte ganz lukrativ sein.

Dazu konnte ich mich allerdings vorderhand nicht entschließen, weil ich meinem Prinzip treu bleiben wollte, dass Schreiben mir vorwiegend Spaß machen sollte. Daher lehne ich solche Bestellungen meistens ab. Mit ganz wenigen Ausnahmen. Der „Ernst des Lebens" ist auf Wunsch eines sehr lieben (mir persönlich unbekannten) Opas entstanden, der für seinen Enkel zum 14. Geburtstag ein Gedicht wollte. Das hat mir Freude gemacht, und ich habe es dann später in ein Buch von mir aufgenommen.

Die Ablehnung muss natürlich taktvoll erfolgen, sonst werde ich gleich für arrogant gehalten. Einem Bekannten, der ein „Parallelgedicht" zu einem sehr schönen und sehr berühmten Eichendorff-Gedicht bestellte, habe ich zu meiner Entschuldigung geschrieben:

> „Es gibt manche Verserln, so schön und so rein,
> zu denen fällt unseran gar nix mehr ein.
> Die kann ma nur lesen, im Innersten gspürn –
> doch sonst soll ma liaber daran gar net rührn."

Schwierig wird es, wenn man eingeladen ist zum Essen, und es taucht aus heiterem Himmel ein Gästebuch auf. Das Essen war gut, die Getränke gepflegt, das Gästebuch ist in Leder gebunden, mit Goldschnitt – alle blicken mit hohen Erwartungen auf meine Eintragung. Peinlich. Auf Knopfdruck hab ich noch nie dichten können, da brauch ich mein stilles Kämmerlein dazu.

Um mich mit Anstand aus der Affäre zu ziehen, habe ich mir in einer Musestunde ein paar Verserln gebastelt, die habe ich immer mit mir herumgetragen im Geldbörsel. Eine Zeit lang hatte das Gästebuch für mich seinen Schrecken verloren. Leider wurde mir das Geldbörsel eines Tages gestohlen, und mit ihm auch die Gedichte. Seither schreibe ich nur Unterschrift und Datum in etwaige Gästebücher.

Als die Zeitung ‚Kurier' in seiner Zitatensammlung einmal ein Zitat aus meinem Buch „A bissl Schwarz, a bissl Weiß" brachte, konnte ich nicht umhin, das in Versform zu kommentieren, und ich schrieb an die Zeitung:

> „Freund Goethe, das ist unbestritten,
> hat brav den Pegasus geritten.
> Doch höchsten Ruhm konnt er erringen
> mit seinem „Götz von Berlichingen".
> Ein Ausspruch draus ist bis zur Stunde
> stets Tag für Tag in aller Munde.
> Auch der ‚Kurier', nebst andern Dingen,
> will manches Mal Zitate bringen.
> Was ich einst schrieb mit reinem Sinn,
> steht plötzlich schwarz auf weiß dort drin.
> Man weiß, was in der Zeitung steht,
> trägt bei zur Popularität.
> Das stimmt: Ich finde kaum mehr Ruh.
> Beglückt ruft mir's ein jeder zu.
> Wie das Zitat heißt, wollt Ihr wissen?
> Verzeihung: „Heut is' einigschissen!"
> Worüber sittsam ich erröte.
> Und suche Trost. Bei Herrn von Goethe."

Wienerische Haikus

Ein Schriftsteller, der auf sich hält, kann darauf hinweisen, dass seine Bücher in die gängigsten europäischen Sprachen übersetzt wurden. Damit kann ich leider nicht dienen. Hingegen kann ich stolz vermelden, dass ein paar meiner Gedichte ins Japanische übertragen und gedruckt wurden. Es klingt unglaubwürdig, aber ich kann als Beweis ein Belegexemplar zeigen, es hat einen Ehrenplatz in meiner Bücherstellage.

Die Vorgeschichte ist kurz erzählt.

Prof. Hachiro Sakanishi aus Sapporo hatte die Idee, eine „Anthologie deutscher Haiku" herauszugeben, ein paar Mitarbeiter, darunter auch Dr. Herbert Fussy aus Graz, trafen die Auswahl, schrieben eine Einleitung, übertrugen ins Japanische, Kommentare und Zwischentexte wurden angefertigt, und ein japanischer Verlag brachte das Buch heraus, das vorwiegend für ein japanisches Publikum gedacht war.

Es enthält Beiträge von etwa 50 Autoren, oft sehr namhaften. Und da ich mich in meinen „Parallelgedichten" in der Kunst des Haiku versucht hatte, wurde auch mir die Ehre zuteil.

Es ist wahrlich ein Kuriosum, dieses Buch: auf dem Umschlag das Photo eines Bergbauern, der seine steile Wiese mit der Sense mäht, der Text teils deutsch, teils japanisch.

(Die japanischen Schriftzeichen sehen aus wie zierliche Ornamente.) Dann folgt eine japanische Einleitung, ein deutsches Geleitwort, sparsam ein paar Photos eingestreut, und dann, nach Jahreszeiten geordnet, die 17-silbigen Gedichte, die sich so gut eignen, eine vergängliche Stimmung in der knappsten Form auszudrücken.

Bei jedem deutschen Haiku eine Unzahl japanischer Schriftzeichen, offenbar Übersetzung, Kommentar und Kurzbiographie des Autors. Das ganze Buch ist graphisch so hübsch gestaltet, dass es ein Vergnügen ist, es anzusehen, auch wenn man nur die Hälfte versteht.

Mit welchem Ernst und welcher Akribie die Japaner ihr Vorhaben angingen, bezeugt der Briefwechsel, den ich mit Prof. Sakanishi hatte. Der Professor schreibt ein ausgezeichnetes Deutsch. Nur gelegentlich merkt man ihm die fernöstliche umständliche Mentalität an, und es unterläuft ihm manchmal ein bezaubernder Fehler, besonders tröstlich bei so viel Perfektion.

Die Anrede lautet: „Liebe HAI-JIN im deutschsprachigen Raum!" und das „HAI-JIN" erklärt der gute Herr Professor so: „Unter den Leuten, die diese Benennung tragen, bei uns in Japan, existiert nicht selten so ein HAI-JIN, der die durchaus harte Übung ertragen konnte: jeden Tag 30 bis 50 Haikus zu schaffen, und diese schöpferisch Kraft über 10 Jahre zu erhalten, nach diesem Studium kann man sich als HAI-JIN benennen, sehr streng genommen."

Dass mich bequeme Person Herr Prof. Sakanishi mit „HAI-JIN" anredet, ist ein Beweis für seine vollendete fernöstliche Höflichkeit.

Liedertexte

Seit Jahren, lange, bevor ich Mundartgedichte zu schreiben begann, habe ich mich für das Chanson interessiert und mich auch an Chansontexten versucht. Das Interesse daran hängt vermutlich mit meiner Liebe zum Kabarett zusammen.

Als ich meine ersten Chansontexte schrieb, dachte ich überhaupt nicht daran, sie einem Interpreten anzubieten. Nur einem alten Freund, Regierungsrat bei der Post, habe ich in einer stillen Stunde davon erzählt.

Dieser Freund rief mich eines Abends eifrig an, ich möge doch das Radio aufdrehen, es liefe gerade eine Chansonsendung mit Topsy Küppers. In dieser Sendung präsentierte sie unbekannte Chansons, die ihr Textdichter aus dem Publikum zuschicken durften. Die würden dann von einem Komponisten, damals war es der hochgeschätzte Michael Danzinger, vertont und von Topsy gesungen werden.

Nun hatte zu jener Zeit Heinz Conrads gerade etliche Gedichte von mir gelesen, und mein Namen war im Rundfunk nicht mehr gänzlich unbekannt. Mich als Chansontexterin zu präsentieren schien mir daher nicht günstig. Ich ersuchte also Lambert, den guten Freund, mir zu erlauben, seinen Namen als Pseudonym zu verwenden. Er hatte nichts dagegen. Ich schickte einen Text unter seinem Namen und seiner Adresse ein und kümmerte mich nicht weiter drum.

Doch eines Tages kam ein Anruf von ihm: „Stell dir vor, dein – unser Text ist angenommen worden!" „Fein!" war meine Reaktion. „Das werden wir uns anhören!"

So einfach wurde es uns allerdings nicht gemacht. Wieder rief Lambert an, recht aufgeregt: „Stell dir vor, die wollen ein Interview mit mir machen! Was soll ich tun?" So ein Schwindel ist für einen Staatsbeamten offenbar ehrenrührig. Ich sah die Sache eher von der komischen Seite an und versprach, die Angelegenheit zu bereinigen. Ich schrieb einen zerknirschten Brief an den Rundfunk und gestand den Schwindel ein. Wilhelm Hufnagl, damals Leiter der Unterhaltungsabteilung, hat sich so sehr darüber amüsiert, dass er mich bei dem Interview, das er in der Sendung machte, zuerst als Herr Ingenieur vorstellte und erst im Lauf des Gesprächs den Schleier meiner Identität lüftete. Dann sang Topsy Küppers mein, von Michael Danzinger vertontes, Chanson.

**

Da dies das erste Interview meines Lebens war, nimmt die Sendung „Das unbekannte Chanson" einen besonderen Platz in meinen Erinnerungen ein.

Als Chansontexterin blieb ich jedoch weiterhin unbekannt. Es sollten noch viele Jahre ins Land gehen, bevor ich noch einmal mit Topsy zusammenkam, dann aber wirklich, was zu einer fruchtbaren Zusammenarbeit führen sollte.

So sehr ich dem Chanson zugetan war, so sehr verabscheute, ja verachtete ich damals das Wienerlied. Es kam mir schmalzig, kitschig, verlogen vor. Ich konnte mich erst langsam damit anfreunden, als ich, wenn ich aus eigenen Werken vorlas, oft mit Wiener Volksmusik zusammengespannt wurde. Da ist mir allmählich der Knopf aufgegangen, und jetzt hab ich sie sehr gern, die Wienerlieder. Besonders freilich die schönen, alten, die man im Kremser-Album finden kann, zusammen mit der echten Schrammelmusik, die mir schon als Kind durch das Quartett meines Vaters bekannt war.

Der erste Erfolg als Chansontexterin blieb, wie gesagt, ohne Erfolg.

***

Ein knappes Jahr später kam mir wieder der Zufall zu Hilfe, mein alter Verbündeter. Denn es war reiner Zufall, dass Susi Fehring, die Frau des bekannten Kapellmeisters Johannes Fehring, ausgeschickt, um nach Texten für Kurt Sowinetz Ausschau zu halten, in einer Buchhandlung auf meine neue „Kuchlkredenz" stieß und sie ihrem Mann zur Begutachtung vorlegt, er die Texte „musikalisch" fand und mich kennenlernen wollte.

Es ergab sich, dass zwei Texte „Aus der Kuchlkredenz" musikalisch aufbereitet werden sollten, einen bösen Wienerlied-Text habe ich noch geschrieben, und somit hatte ich die Ehre, auf der ersten Sowinetz-Platte „Alle Menschen san ma zwider" mit drei Titeln vertreten zu sein, von denen der eine „I wer blad" sogar recht erfolgreich wurde.

So kam der musikalische Stein ins Rollen. Ich brauchte nichts dazuzutun, alles entwickelte sich von selbst. Bis auf die Arbeit, die musste ich natürlich schon selber tun, und so anständig wie möglich, Ehrensache.

Merkwürdig fand ich nur, dass mich Johannes Fehring für musikalisch hielt, was ich im landläufigen Sinn nicht wirklich bin. Ein bisschen Klavierspielen habe ich zwar gelernt, kann Noten lesen, aber keinen Ton auswendig spielen, und wenn ich beim Singen Stimme halten soll, habe ich meine Probleme.

Allerdings erinnere ich mich an eine Zeitungskritik meiner „Kuchlkredenz", eigentlich war es ein Verriss, in der heißt es: „… Es sind in Wahrheit Couplets, die alte Volkssängertradition lebt in diesen Schlagern im modischen Ton wieder auf. In den guten alten Zeiten hätte sie vielleicht ein Oscar Straus komponiert und ein Girardi gesungen."

Muss schon was dran sein, wenn so gescheite Leut das sagen!

Mit der ersten Schallplatte hatte ich einen Schritt vom Dilettanten zum Professionisten gemacht, die AKM (Staatlich genehmigte Gesellschaft der Autoren, Komponisten und Musikverleger) und die Austro-Mechana (Gesellschaft zur Verwertung und Auswertung mechanisch-musikalischer Urheberrechte) begrüßten mich als Tantiemenbezugsberechtigte. (Über die Höhe der Tantiemen soll sich der Laie keine übertriebenen Vorstellungen machen – es ist ein „Kreuzerlgschäft".)

Seither habe ich etliche Musiktexte verfasst und mit einer beträchtlichen Zahl von Musikern zusammengearbeitet. Immer mit Vergnügen, denn es hat schon seinen eigenen Reiz, plötzlich statt des gewohnten Alleingangs Teil eines Teams zu sein. Die Musik eröffnet dem Text eine neue Dimension. Wenn Text und Musik miteinander harmonieren, sich ergänzen, und wenn der Interpret dann auch noch stimmt, ist das Glück vollkommen.

Besonders schön war die Zusammenarbeit mit Johannes Fehring. Er ist das Hirn und das Herz vieler Produktionen. Als er das Ehrenzeichen für Verdienste um das Land Wien bekommen hat, habe ich ihm gratuliert:

„O Johannes, Du schönster, Du bester Johannes von allen, endlich hab ich es Schwarz auf Weiß: Du bist ausgezeichnet!

Welche Verdienste um Wien Du erworben, das wissen die meisten, welche Verdienste um mich Du erwarbst Dir, das weiß nur ich selber. Und drum sei Dir von mir heut verliehen ein eigener Orden, ganz großer Klasse, für Menschlichkeit, Herzlichkeit, Freundschaft und Treue. (Hoffentlich ist das kein Kreuz und hängt Dir niemals zum Hals raus!)

Jemand hat einmal gesagt: „Wer gut singen kann, singt ein Lied. Wer weniger gut singen kann, singt ein Chanson." Ob Lied oder Chanson – es steht und fällt mit dem Interpreten. Man schreibt, wenn man den Auftrag dazu bekommt, nicht ins Blaue hinein, sondern für einen bestimmten Interpreten, quasi nach Maß. In den zehn oder mehr Jahren meiner musikalischen Arbeit kann ich auf eine stattliche Zahl von Interpreten zurückblicken.

Wie viele Texte ich schon verfasst habe? Ich weiß es nicht. Ich habe sie nicht gesammelt, nicht gezählt. Manche sind irgendwo abgelegt, in einem Ordner, manche auf Schallplatten festgehalten oder sonst wo verschwunden.

Manche Texte sind entstanden, weil mich jemand, mit dem ich befreundet bin, darum gebeten hat. Ich kann schwer „nein" sagen, auch nicht, wenn ich weiß, dass kein Erfolg zu erwarten ist.

In ganz seltenen Fällen lehne ich ab, weil mir das Texten, so schwierig es oft ist, eigentlich Freude macht.

Ich erinnere mich allerdings, dass man mich einmal zur Mitarbeit an der deutschen Fassung eines Musicals einlud, für das Theater an der Wien, ein ehrenvoller Auftrag. Ein paar tastende Versuche habe ich gemacht. Es ging nicht. Der

Gedanke an eine Arbeit, die ich sonst immer mit großem Vergnügen erledigt hatte, füllte mich plötzlich mit Abscheu – wie eine innere Sperre. Da bin ich von dem Auftrag zurückgetreten und habe die ganze Arbeit meinem hochgeschätzten Mitautor überlassen, der sie dann bravourös und mit schönem Erfolg durchgeführt hat.

Ein anderes Mal trat man an mich heran, ich möge ein Lied für unsere Skispringer schreiben, für die Olympischen Spiele, das dann von den Sportlern selbst gesungen werden sollte. Versucht habe ich es, aber die ganze Idee war mir nicht geheuer, meine Texte fand ich zu dumm, also habe ich abgelehnt. Das Lied wurde geschrieben, ich weiß nicht von wem, und es wurde auch auf einer Schallplatte verewigt, die ich nicht gehört habe. Ich weiß nur, dass es einen fürchterlichen Verriss in der Zeitung gab, und dass ich mir gedacht hab: „Also doch gut, dass ich „nein" gesagt habe!"

***

Ich werde oft gefragt, wie ich denn einen Text erarbeiten würde: erst den Text, der später vertont wird, oder umgekehrt zu einer vorhandenen Musik den Text?

Mir ist es eigentlich egal, ich arbeite, wie es sich ergibt. Ist die Melodie vorhanden, lasse ich mir Klaviernoten dazu geben. Dank meiner geduldigen Klavierlehrer aus der Kinderzeit bin ich imstande Noten zu lesen und ein bisschen zu klimpern. Für Beethoven oder Mozart reicht es nicht mehr, aber mir am Klavier die jeweiligen Stellen vorspielen zu können, ist schon eine große Hilfe für das Verfassen von Texten.

Texten ist eine echte Herausforderung. Man ist so vielen Faktoren verpflichtet: der Rhythmus soll stimmen, die Sprachmelodie, die Betonung, die Reime, und sangbar sollen die Worte schließlich auch noch sein. Und dass der Text dem Inhalt nach dem Interpreten passen soll, versteht sich von selbst. Da kann es dann sein, dass man an ein paar Zeilen tagelang kaut, man dreht sie hin und her, um sie dann schließlich durch völlig andere zu ersetzen.

Für Textautor und Komponisten gibt es als Macherlohn Tantiemen, höchst spärliche.

Ist ein Werk nicht „frei", weil die Autoren noch leben oder urheberrechtlich geschützt sind, soll aber trotzdem eine Änderung vorgenommen werden, muss die ganz subtil und unauffällig vor sich gehen. Solche Änderungen, und ich habe sie oft machen müssen, werden verlangt, weil der Text nicht mehr zeitgemäß ist, aber auch, weil der Sänger mit den vorhandenen Worten die exponiert hohen Tönen nicht „dersingt". Der Bearbeiter muss also, oft krampfhaft, nach Ersatzwörtern suchen, die sangbarere Vokale enthalten.

Für diese Arbeit, die oft nur ein paar Zeilen ausmacht, aber tagelanges Kopfzerbrechen erfordert, gibt es natürlich keine Tantiemen. Man bleibt anonym und bekommt, wenn man Glück hat, einen kleinen Macherlohn. Manchmal ist nicht einmal Zeit für tagelanges Grübeln. Mich hat man einmal ins Theater zitiert zu einer Textänderung, während gerade die Hauptprobe lief. Es half nicht, zu protestieren gegen die ungebührlich kurze Zeit; man sperrte mich einfach in ein Korrepetitor-Kammerl, ließ mich mit Noten und Klavier allein werken, und nach einer halben Stunde holte man ab, was ich mir abgequält hatte. Dass ich mir etwas abquälen würde, war offenbar allen klar.

Aber, wie gesagt, dem Textverbesserer flicht die Nachwelt keine Kränze. Und auch er selbst vergisst bzw. verdrängt, in welchen bekannten Texten er schon seine Finger gehabt hat. (Übrigens sollte man es mit den Reimen nicht gar zu genau nehmen. In dem berühmten „Gehen wir ins Chambre séparée" heißt es weiter „zu dem süßen Tête-à-tête." Entweder müsste man „chambre separett" singen, oder „tet a tee", beides ist entsetzlich falsch, die Sänger schummeln sich durch, und niemanden stört es. Auch die „dunkelroten Rosen" die gebracht werden „schönen Fraun", die angeblich „genau" wissen was das bedeutet, obwohl „genaun" besser wäre. Ich frage mich manchmal wirklich, warum ich mich so plage mit halbwegs sauberen Reimen, wenn solche Erfolgsnummern beweisen, dass der Reim wurscht ist.)

Jeder Autor, jeder Komponist träumt davon, mit einer Nummer so erfolgreich zu sein, dass sich daraus finanzielle Unabhängigkeit ergibt. Nicht, um den schnöden Mammon anzuhäufen, sondern hauptsächlich deshalb, um dann nur das schreiben zu dürfen, was sie wirklich wollen.

Aber mit den Liedern, die über Nacht populär werden, ist es eine eigene Sache. Sie sind meist vom Text und von der Musik her überaus einfach, ja primitiv. Nur die wenigsten Autoren und Musiker haben den Mut, ganz, ganz einfach zu schreiben. Sie versuchen es immer wieder, weil sie ja zu wissen glauben, worauf es ankommt. Aber wenn ihnen schon eine einfache Melodie, eine einfache Zeile gelingt, scheint sie zu primitiv. Das ist ihnen peinlich, und daher versuchen sie, der Sache eine Wendung ins Ungewöhnliche, ins Aparte zu geben.

Damit wird es für den Verbraucher schon wieder zu kompliziert, und der Erfolg, der große Erfolg stellt sich nicht ein. Sie haben Angst, ihr Gesicht zu verlieren, vor den Kollegen, den Fachleuten, den Kritikern.

Mit dem kleinen Drall ins Ungewöhnliche verlieren sie vielleicht nicht ihr Gesicht, aber ihre Gewinnchancen.

Ob´n am Donauturm

Text: Trude Marzik

Musik: Fredi Gradinger

Intro

Vers:

1., Wenn der Sonn-tag nah ist, wenn er end-lich da ist,
2., Schön hat´s an-ge-fan-gen, guat is´ wei-ter-gan-gen,

frag i´d Mei-ni-ge: "Wo geh´n wir hin? Wird das
wannst ver-liebt bist hast an schwe-ren Stand. Ich hab

Wet-ter schön? Woll´n wir ba-den geh´n? O-der
sie ge-nom-men, sie hat mich be-kom-men, als ihr´n

hast du was An-d´res im Sinn? Geh´n wir ins The-a-ter,
Mann, kom-plett mit Herz und Hand. Jetzt nach ein paar Jah-ren

o-der in den Pra-ter? Gelt, das ken-nen wir doch eh´ schon
hab ich´s auch er-fah-ren, dass der E-he-stand viel Ner-ven

längst. Doch ich wüßt was Fei-nes, hör mir zu, mein Klei-nes,
kost. Gar nix dau-ert e-wig d´schön-ste Liab wird schä-big,

sag mir, was du von mein Vor-schlag denkst?"
doch da weiß ich mir an klei-nen Trost:

Refrain

C⁷   F   C⁷   F

1., Heut trink ma an Kaf - fee ob'n am Do - nau - turm, a
2., Ich trink heut mein Kaf - fee ob'n am Do - nau - turm, a

F   Am   C⁷   Gm

gua - tes Scha - lerl Kaf - fee. Willst a Nuss - beu - gerl, an
gua - tes Scha - lerl Kaf - fee. Ess' a Nuss - beu - gerl, an

D⁺   B   Gm⁶   C⁷

Stru - del, an Gu - gel - hupf, das schmeckt gut in luf - ti - ger
Stru - del, an Gu - gel - hupf, das schmeckt gut in luf - ti - ger

F   F   C⁷   F

Höh'. Die Wie - ner - stadt liegt uns zu Füs - sen
Höh'. Die Wie - ner - stadt liegt mir zu Füs - sen

F⁷   Gm

drunt und dreht sich schön lang - sam vor - bei. Heut
drunt, manch - mal sitzt mei Frau mit da - bei. Dann

B   H°   F⁷   Es⁷   D⁷

trink ma Kaf - fee ob'n am Do - nau - turm, so um
trink ma Kaf - fee ob'n am Do - nau - turm, und es

Gm   C⁷   F   1.

drei, nur wir Zwei, bist da - bei?
ist so wie da - mals im Mai.

2. F   Gm   C⁷   F   > *Fin*

und es ist so wie da - mals im Mai!

47

I bin allerweil im Wigelwagel

Text: Trude Marzik

Musik: Wolfgang Russ- Bovelino

1., Ein Wie-ner, sagt man, kann sich nicht ent-schei-den und ein´ Ent-schluß, der fallt ihm meis-tens schwer. Er kann zwar, sagt er, s´U - ma - ziagn net lei - den und trotz-dem ü - ber-legt er hin und her. I bin ja sel-ber so a ar-mer Teu - fel, des G´frett fangt an schon zeit-lich in der Fruah. Am meis - ten a - ber hab ich mei - ne Zwei - fel geht´s schließ - lich auf´ n Fei - er - a - bend zua: 1.-2., I bin

2., A Stel-zen eß´ ma mit an Kren, a klas - se. A Schin-ken is mir ei - gent-lich zu fein. Viel - leicht fa - schier - te La - berln, fri - sche Haa - ße? Was paßt am Bes-ten zu an gua-ten Wein? Der Wein is a - ne von die Got-tes - ga - ben und drum ent - scheid sich so was net so bald. Denn wenn wir, Gott lob, kei - ne Sor - gen ha - ben, dann mach ma uns die Sor - gen mit Ge - walt.

al-ler-weil im Wi-gel - wa-gel, ob ich nach Nuß-dorf fahr, o-der nach
Sie-ve-ring. I bin al-ler-weil im Wi-gel - wa-gel, ob i an
Ro-ten o-der Wei-ßen heu-te trink. I bin al-ler-weil im Wi-gel -
wa-gel: Wer zahlt den Wein? Mei Freund der Pe-pi o-der i? Bin i der
Gi - gel o - der bin i heut der Go - gel? I waaß scho
jetzt, es wird a wag-ler-te Par - tie.

Nicht nur Erfolge

Beim Rückblick auf ein langes Leben ergibt sich unweigerlich eine Art Bilanz: War es erfolgreich, hat es sich ausgezahlt? Von den Erfolgen spricht jeder gern. Misserfolge werden meist verschwiegen, verdrängt, gar nicht mehr wahrgenommen.

Allerdings lohnt es sich, in stillen Stunden darüber nachzudenken, was im Lauf der Jahre alles schiefgegangen ist, welche Hoffnungen sich nicht erfüllt haben und welche Blütenträume nicht reiften. Bei einer solchen Gewissenserforschung wäre größte Ehrlichkeit nötig. Erfolgsstorys sind für die Öffentlichkeit attraktiv. Bekenntnisse über Misserfolge und damit oft verbundene Peinlichkeiten behält der Mensch lieber für sich.

Im zarten Kindesalter gibt es eigentlich nur Erfolge. Das erste Lebensjahr, vom hilflosen Würmchen bis zum stubenreinen Kleinkind, das schon auf zwei Beinen torkelt und erste Sprechversuche macht: eine einzige Erfolgsstory.

Auch im Vorschulalter scheint alles im Lot. Eine kleine unerfüllte Sehnsucht ist allerdings photographisch dokumentiert: ein Dreirad. Der Hofphotograph Hermanus hat mich geknipst, auf einem Objekt meiner Begierde sitzend. Wem es gehört hat, weiß ich nicht mehr. Dass ich mir eines gewünscht habe, zeigt der andächtige Gesichtsausdruck. Warum ich den Wunsch nach einem Dreirad nie geäußert habe, verstehe ich bis heute nicht.

Ein anderer Wunsch, auch der unausgesprochen, ist mir in Erinnerung. Zur Erstkommunion hat mir meine Mutter, unter fachmännischer Anleitung meiner Tante, ein feines weißes Kleid genäht, aus Seide, dazu wurde ein weißes Kränzchen erstanden. Leider hatte meine beste Freundin, die Hermi, ein rosa Kleidchen bekommen und dazu ein ganz wunderbares zartrosa Rosenkränzchen – ich sehe es noch vor mir. Viel, viel schöner als meine weiße Pracht. Das ungeliebte weiße Kleid durfte (musste) ich nochmals bei der Fronleichnamsprozession anziehen. Hätte ich wenigstens einen Polster mit dem Jesuskindlein tragen dürfen, wäre die Welt wieder in Ordnung gewesen. Ich durfte aber nur ein Bandel halten, das von diesem ersehnten Polster ausging. Auf dem von meinem Vater geknipsten Photo lässt sich die Enttäuschung auf meinem Gesicht deutlich ablesen.

Die unselige Liebe zur Farbe Rosa zieht sich durch mein Leben hin. Ich war blond – und ein blondes Kind hatte Blau zu tragen, das gehörte sich so. Zwar konnte ich zu meiner Firmung ein rosafarbenes Kleid durchsetzen, die Zöpfe wurden zu Stoppellocken gedreht, aber die mit der Pubertät verbundene Schiachheit wurde auch durch das ersehnte Rosa nicht gemildert. Und heute, in meinen vorgerückten Jahren, empfehlen sich zwar Pastellfarben, weil die einem alten Gesicht angeblich schmeicheln, (rosa Blusen besitze ich in diversen Schattierungen) jedoch, ich hab es immer schon geahnt: Unerfüllte Sehnsüchte sollen nicht erfüllt werden.

Erfolge in der Schulzeit gab es mehr als genug, an Misserfolge und dadurch hervorgerufene Kränkungen kann ich mich nicht erinnern. Die Matura bestand ich mit Glanz und Gloria. Die Probleme begannen erst danach, weil ich mir über meine weitere Ausbildung noch überhaupt nicht klar war. Offiziell nicht. Insgeheim wünschte ich mir nichts sehnlicher als Schauspielerin zu werden. Ich hatte mich auch umgehört, wie das denn anzustellen wäre. Sehr naiv und ohne jegliche fachliche Hilfe oder auch nur Beratung. Von meinen Eltern konnte ich außer ihrer großen Liebe zu mir nichts Zweckdienliches erwarten. Sie waren, was Kunst betrifft, von völliger Ahnungslosigkeit. Ich ließ sie daher, was meine Pläne betraf, besser im Unklaren. Irgendwas würde ich studieren, meinten sie. Schließlich war ich ja immer eine gute Schülerin gewesen und für Handwerkliches gänzlich ungeeignet.

Ich kaufte mir also ein Buch, vom damaligen Chef der Reichstheaterkammer herausgegeben, Alfred Eduard Frauenfeld hieß er und war in den Anfängen der NSDAP, zusammen mit dem Historiker Suchenwirth, das Hoffnungspaar der Partei in Wien. Er war im Lauf der Zeit die Karriereleiter hinaufgestiegen und in der Reichstheaterkammer gelandet, was ihn mir bei meiner damaligen Interessenlage interessant machte.

Dieses Buch wurde meine Bibel. Denn es enthielt genaue Anleitungen über den Berufsweg eines angehenden Schauspielers, beginnend mit Eignungsprüfungen und den Anmeldungen hiezu, Schauspielunterricht und was dort gelehrt wurde, sachliche Ratschläge über Berufsaussichten, aber auch trostreiche Worte für Versagen und Rückschläge. Ein wahrhaft nützliches Werk – dass es mir im Lauf der Jahre abhanden gekommen ist, tut mir ehrlich leid.

Damals jedenfalls sog ich, was immer ich brauchte, um meinem Traumberuf ein wenig näher zu kommen, aus diesem Buch. Man musste, so las ich drin, bevor man eine einschlägige Berufsausbildung begann, vorerst feststellen lassen, ob eine ausreichende Eignung bestand. Genau das wollte ich ja, wusste freilich überhaupt nicht, wie ich das anstellen sollte. Ich meldete mich also, wie ich herauslesen konnte, bei der Theaterkammer zu einer Eignungsprüfung an. Das Buch wusste auch, was für eine solche Prüfung vorzubereiten war, welche Rollen einzustudieren und dann vorzusprechen seien, und wie viele.

Der Prüfungstermin wurde mir schriftlich mitgeteilt. Ich hielt ihn geheim, vor meinen Freundinnen und selbstverständlich vor meinen Eltern. Bevor ich meine Eignung nicht vor einer Jury prüfen lassen konnte, wollte ich mit meinen Wünschen erst gar nicht herausrücken.

Ich machte mich vorderhand ans Rollenstudium, besser gesagt, ans Auswendiglernen. Es gab ja niemanden, der mich bei der Auswahl beraten hätte können. Das wollte ich auch gar nicht, denn es sollte ja von Unbekannten geprüft werden, ob ich geeignet wäre. Dass die übrigen Prüflinge, wie sich später herausstellte, es mit der Prüfung der Eignung nicht gar so genau nahmen, sondern alle schon eifrig Unterricht genommen hatten, konnte ich nicht ahnen. Ich scheine damals die einzige Ahnungslose gewesen zu sein.

Für die Jury, der ich damals bei der „Bühneneignungsprüfung" gegenüberstand, muss ich eine ausgesprochene Lachnummer gewesen sein, ich in meinem dunkelblauen Schulrock, dem dunkelblauen, von der Mutter handgestrickten Pullover und der reichlich rundlichen Figur, die alte Aktentasche meines Vaters umklammernd. Die Tasche war prall gefüllt mit etlichen Klassikerbänden, aus denen ich meine Rollen auswendig gelernt hatte.

Das Gretchen-Gebet, das ich den wehrlosen Herren der Prüfungskommission vorschluchzte, fand trotzdem Zustimmung. Ich hatte die Prüfung bestanden, man riet mir, die Ausbildung zu beginnen. (Und etwas weniger Buchteln zu essen.) Dieses Kapitel könnte also durchaus zu den Erfolgsstorys gehören. Ich hatte meine Eignung prüfen lassen, was der Zweck der Übung gewesen war. Die Schwierigkeiten begannen allerdings erst jetzt. Welche Schule kam für eine Schauspielausbildung in Frage?

In Wien gab es, das wusste sogar ich, nur ein Institut, das als Ziel aller künftigen Schauspieler galt, das „Seminar" – ehedem von Max Reinhardt gegründet. Es war im Schönbrunner Schlosstheater untergebracht, die Studienzeit dauerte etwa 3 Jahre, unterrichtet wurde den ganzen Tag – Sprechen, Gymnastik, Fechten, Theatergeschichte, Rollenstudium, Kostümkunde und was es noch so alles gab. Man konnte sich zur Aufnahmsprüfung anmelden, bekam einen Termin und musste sich, vorbereitet ähnlich wie bei der Eignungsprüfung, im Schlosstheater einfinden. Was ich auch tat.

Hunderte Kandidatinnen bevölkerten die historischen Räumlichkeiten, alle schlanker und besser gekleidet als ich. Und alle hatten sich, wie ich den Gesprächen entnahm, bereits bei renommierten Schauspiellehrern auf die Prüfung vorbereitet. Ich natürlich nicht. Ob ich damals wirklich daran glaubte, dank meines Talentes aufgenommen zu werden? Ich möchte es bezweifeln. Insgeheim scheine ich aber an ein Wunder geglaubt zu haben und stellte mich tapfer der Kommission, sprach ein Stückerl Hero, ein Stückerl Rosalinde vor, wiederum höchst unvorteilhaft gekleidet. Und ein paar Tage später konnte ich dann aus dem Aushang vor dem Tor des Seminars lesen, dass ich nicht aufgenommen worden war. Die Enttäuschung hielt sich in Grenzen.

***

Nun hieß es also umplanen. Studiert sollte werden, soviel war klar. Welchen Beruf konnte ich mir denn vorstellen, da der Traum vom Theater sich in Nichts aufgelöst hatte? Irgendwas mit Kunst sollte es sein. (Schließlich hatte ich meine Maturaarbeit zum Thema „Die Bedeutung der Kunst im Leben des Menschen" geschrieben!) Zeichnen tat ich gern und ganz gut, in der Schule liebte ich das Fach „Kunsterziehung" und harmonierte mit der Dame, die es unterrichtete. In einem solchen Fach das Lehramt anzustreben, konnte ich mir vorstellen. Junge Leute zum Kunstverständnis hinzuführen, Kunstgeschichte zu lernen und zu lehren – ein reizvoller Gedanke.

Leider musste man – aus heutiger Sicht völlig unsinnig – für diesen Beruf auf der Kunstakademie studieren und dazu vorher eine Prüfung ablegen, Arbeiten vorlegen und dann auf der Akademie ein paar Tage sitzen und zeichnen. Was ich vorlegen konnte, waren ein paar Zeichnungen, die wir in der Schule angefertigt hatten, ein Porträt einer Mitschülerin, eine Kreidezeichnung einer gotischen Madonna, die wir im Museum des Faltenwurfs wegen machen mussten. Diese dürftigen Produkte wurden von der Jury – renommierte Professoren – eher höhnisch begutachtet. Trotzdem saß ich brav meine vorgeschriebenen Termine ab am Schillerplatz, versuchte zu zeichnen, was man uns abverlangte, wurde wieder mit Spott und Hohn bedacht und hatte selbstverständlich nicht bestanden. Für den Beruf einer bildenden Künstlerin war ich nicht geeignet. Das war von Anfang an nicht meine Absicht gewesen. Man kann, so dachte ich, und denke es noch heute, Liebe und Verständnis für die Kunst besitzen, ohne selbst dafür begabt und kreativ zu sein.

Kunsterziehung als Beruf war abgehakt. Meine geliebte Kunsterzieherin aus der Schule, der ich mein Leid klagte, meinte, die Akademie sei ohnedies verknöchert und durchaus nicht zu empfehlen. Für mich käme eher die Kunstgewerbeschule in Frage, Modezeichnen und dergleichen. Mein Vater erkundigte sich bei einem seiner Bekannten, der in eben dieser Schule eine leitende Position hatte. Der riet dringend ab. Der Krieg dauerte bereits zwei Jahre, das Kunstgewerbe war derzeit nicht gefragt. Die Modeschülerinnen würden, so sagte er, zu technischen Zeichnerinnen umgeschult. Ein Horror für mich. Kunstgewerbeschule wurde abgehakt.

Die Kunst schien sich mir zu verweigern. Die Universität allerdings stand unverändert (vorläufig noch unverändert!) und wartete auf mich. Also wurde inskribiert: Englisch als Hauptfach, Deutsch als Nebenfach. Und da für eine Ausbildung zum Lehrfach noch etwas Drittes verlangt wurde, inskribierte ich noch Italienisch. Drei Sprachen – der helle Wahnsinn! Aber ich verstand es damals nicht besser, und es gab auch niemanden, den ich hätte fragen können. Ich belegte also Vorlesungen und Proseminare nach dem Vorlesungsverzeichnis und ließ das erste Semester auf mich zukommen. Vorher musste allerdings noch der Reichsarbeitsdienst absolviert werden, gleich nach der Matura. Die Burschen mussten mit Spaten und Schaufel meist im Straßenbau arbeiten, die Mädchen wurden in der Landwirtschaft beschäftigt. Ich, in der schönen Jahreszeit mit Heuschnupfen geplagt und daher für den Dienst am Land nicht geeignet, wurde zu einem „Ausgleichsdienst" in der Stadt vermittelt, in einen Kinderhort in Ottakring. Dort durfte ich Kartoffel schälen, Klo putzen, Duschen säubern und rotzigen Kindern die Nase putzen. Nach ein paar Wochen steckte mich ein Kind an, es wurde Diphterieverdacht festgestellt. Meine Dienstverpflichtung endete mit einer fiebrigen Angina, Bettruhe und Abwarten bis zur vollständigen Genesung. Dann konnte das Studium beginnen. Verpflichtend war damals auch, so erfuhren wir Neulinge, die ersten drei Semester Sportkurse zu besuchen und mit Zeugnis nachzuweisen, sonst war an ein Weiterstudium nicht zu denken: Schwimmen mit Rettungsschwimmerprüfung, Leichtathletik mit Sportabzeichen-Prüfung und Saalturnen. Ferner mussten die Studentinnen während der langen Ferien Kriegseinsatz leisten, etliche Wochen, je nach Eignung und Verbindung als technische Zeichnerin, Schaffnerin oder Hilfsarbeiterin in einer Fabrik. Diesmal hatte ich Glück. Ich wurde Hilfsarbeiterin in der Schokoladefabrik Manner, im 17. Bezirk. Schokolade! Mitten im Krieg Schokolade! Nun, ganz so vergnüglich war meine Dienstverpflichtung am Anfang nicht. Ich begann meinen Dienst im Sommer, als der Betrieb für zwei Wochen wegen Urlaub geschlossen war. Diese Zeit wurde benützt, um die Fabrikshallen sauber zu machen. Ich wurde vorderhand eingekleidet in einen blauen Arbeitskittel und man teilte mich ein zum Maschinen putzen. Dazu musste man die mit Öl und Schokolade verschmierten Maschinen mittels Schmierseife oder ähnlich grauslichen Putzmitteln säubern. Diese Arbeit war bei den Arbeitern nicht beliebt, und daher wurde ich, die Studentin, mit schlecht verhohlenem Vergnügen dazu herangezogen.

Mich störte diese Drecksarbeit nicht sonderlich, weil ich ja in Arbeitskleidung steckte und nicht meine eigene bescheidene Garderobe beschmutzen musste. Ich legte mich also ohne Scheu auf den Bauch und holte aus den Maschinen heraus, was nicht hineingehörte. Mit Schmierseife wurden die Hände mühelos sauber.

Als der Fabriksbetrieb wieder losging, wurde ich zuerst in eine eher trockene Abteilung versetzt, in die sogenannte Kartonage, dort wurden Pappkartons hergestellt, aber auch Feldpostbriefe – wir waren ja mitten im Krieg. Eine wahre Deppenarbeit: Gummieren der Briefe. Qualtinger hat das später einmal in einem Chanson als Häfenarbeit besungen: „Wann i Sackel pick, bin i scho froh, dass mir net fad is." Die Frauen der Abteilung taten dies ohne Gemütsbewegung, trugen den flüssigen Klebstoff geduldig und langsam auf und plauderten dazwischen mit der Nachbarin. Das war zwar nicht erlaubt, und wenn die Vorarbeiterin erschien, verstummten die Gespräche sofort. Mir war aber das langsame Arbeiten sehr bald unendlich langweilig, und ich versuchte, diese Tätigkeit durch rationelle Leistungssteigerung interessanter zu machen. Das mochten die Kolleginnen nicht so sehr. Das raschere Arbeitstempo störte ihren behaglichen Arbeitsablauf. Sie ließen mich merken, ich würde es ihnen „verderben".

Zum Glück wurde ich bald in eine andere Abteilung versetzt, in die Keksbäckerei. Aus heutiger Sicht war Arbeit dort reine Schinderei, besonders im Sommer. Die rohen Teigstücke mussten auf einem Förderband auf Blechgittern liegend, eine Reihe von Backöfen durchlaufen. Ich musste die Blechgitter auf der einen Seite einlegen, und sie, wenn sie fertig gebacken waren, auf der andern Seite des Förderbandes, heiß, wie sie waren, entfernen. Der Vorgang durfte nicht unterbrochen werden. Mir widerfuhr dieses Missgeschick allerdings einmal, als ich das warme Blech nicht schnell genug herauszog, es sich verbog und das ganze Werkel abgeschaltet werden musste. Peinlich.

Aber bald bekam man Routine, hockte neben dem Förderband, entfernte heiße Bleche, steckte kalte hinein, um nichts interessanter als das Gummieren in der Feldpostabteilung. Eines Tages, es dürfte im zweiten Sommer meiner Tätigkeit gewesen sein, wurde ich in die Abteilung versetzt, die eigentlich, in Friedenszeiten, schokoladegetunkte Bonbons herstellte. Im Krieg wurden allerdings keine Bonbons, sondern Fliegerschokolade gemacht, dunkle Schokolade mit Cola versetzt, als Stärkungs- und Aufputschmittel für die Piloten gedacht. Dann gab es noch in Schokolade getunkte Sonnenblumenkerne, soweit ich mich erinnern kann, in Stangerlform. Diese Objekte liefen, nachdem sie in Schokolade getunkt waren, auf einem Förderband durch und wurden dabei gekühlt.

Die Arbeiterin (also ich) stand am Ende des Fließbandes, musste die Blätter mit den gekühlten Stangerln vom Band heben und auf einen bereitstehenden Wagen legen, ohne Pause, im Stehen, während das Band weiterlief. Wenn man es einmal konnte, war es eine geisttötende Arbeit, die ich ungerührt absolvierte. Ältere Arbeiterinnen taten sich's allerdings schwer, denen war das stundenlange Stehen zu anstrengend, die mussten nach einiger Zeit ausgewechselt werden. Einen Vorteil hatte die Abteilung im Gegensatz zur Keksbäckerei: Es war kühl!

Ich entwickelte, wie seinerzeit beim Briefgummieren, eine beträchtliche Routine und brachte es fertig, während die Hände mechanisch am Fließband werkten, meine Skripten daneben liegen zu haben und nebenbei zu studieren. Was den Herrn Direktor, als er vorbeikam, zu belustigtem Kopfschütteln veranlasste.

Rückblickend muss ich feststellen, dass mir die Fabrikszeit nicht geschadet hat, war sie doch die erste Gelegenheit, mit einer völlig anderen Welt in Kontakt zu kommen, als ich sie bisher gewöhnt war. Behütetes Elternhaus, Gymnasium, Universität – und dann auf einmal die Welt der Fabriksarbeiterinnen. Ich wurde nach anfänglichem Misstrauen freundlich, ja beinahe liebevoll von diesen einfachen Frauen aufgenommen. Eine hat mir sogar ein etwas zerlesenes Reclambüchlein geschenkt, mit einem Nestroystück, vermutlich ihr einziges Buch. Eine rührende Person.

Das Studium – ich muss es gestehen, betrieb ich vorschriftsmäßig, aber lustlos. Vorlesungen, Proseminare, schriftliche Proseminararbeiten (bei Prof. Nadler, dem Star der Germanistik). Viel Mühe hat mir das alles nicht bereitet. Ich war von der Mittelschule her gewöhnt, den Stoff durch bloßes Zuhören im Gedächtnis zu behalten. Gute Noten waren selbstverständlich.

Nun kam aber eine Pflichtvorlesung „Englische Phonetik", ein Kolloquium war ebenfalls Pflicht. Englische Phonetik würde mich vielleicht heute interessieren. Damals war sie mir unverständlich, vor allem aber stinkfad. Zum Kolloquium trat ich ohne viel Vorbereitung an, schaute flüchtig in die Skripten hinein und hoffte, wie seinerzeit, auf Glück und ein bissel Schmäh. Da hatte ich mich aber gründlich getäuscht. Der Vortragende (und auch Prüfende), Lektor Ruth hieß er und war kein Mann zum Träumen, prüfte trocken und gänzlich ohne Charme. Ich kam mit viel Glück mit einem Dreier davon („Genügend" hieß das, glaub ich) und hatte eine Lektion fürs Leben gelernt: ganz so ohne Lernen wie im Gymnasium würde es auf der Hochschule nicht möglich sein. Ich legte also einen Zahn zu, und erledigte ab nun alle Prüfungen und schriftlichen Arbeiten mit „Sehr Gut" oder höchstens „Gut". Pflichtbewusst aber lustlos.

Der Wurm der Schauspielerei wollte in der Seele durchaus noch nicht schlafen. In der Zwischenzeit hatte ich mich kundig gemacht und statt des angepeilten Schönbrunner Seminars eine private Schauspielschule in Erwägung gezogen. Dort gab es kaum Eignungsprüfungen, dort war man nur am Schulgeld interessiert. Das Konservatorium Prayner, von dem ich nicht viel mehr wusste, als dass es in der Nähe lag, in der Mühlgasse, gleich über den Naschmarkt, schien mir geeignet. Das Schulgeld dürfte leistbar gewesen sein, das konnte ich mit meinen Nachhilfestunden selber bezahlen, ohne meinen Vater zu belasten. Das Hochschulstudium war damals nicht gebührenfrei, das bezahlte er.

Ich hatte zwar um Ermäßigung an der Universität angesucht, musste auf eine Art Lager fahren, wurde dort auf körperliche und weltanschauliche Eignung geprüft, ein paar Tage lang. Der Test wurde von Psychologen ausgewertet, fiel, wie man mir versicherte, günstig aus. Studiengeldermäßigung bekam ich aber trotzdem nicht, weil das Gehalt meines Vaters nicht niedrig genug war. Aber die Uni wurde ohnedies von den Eltern bezahlt. Das war von vornherein klar. Irgendwelche Extras allerdings waren meine Sache. Taschengeld war, so weit ich mich erinnere, damals nicht üblich. Geld für Theater, Kino oder eben Schauspielschule verdiente ich durch Nachhilfestunden.

Das hieß, dass meine Tage restlos ausgefüllt waren. Für irgendwelche Liebschaften wäre, selbst wenn ich gewollt hätte, keine Zeit gewesen. Aber das war damals noch kein Thema. Das Studium ging ohne Probleme weiter. In den Sommerferien Fabriksdienst, und das dritte Jahr, da war ich schon in einem höheren Semester und arbeitete bereits an meiner Dissertation, durfte ich, als besondere Vergünstigung, Luftschutzdienst machen, turnusweise, Tag- oder Nachtdienst. Das hieß anwesend sein. Tagsüber durfte man auf der Wiese in der Sonne liegen im Innenhof der Universität, das englische Seminar war ganz in der Nähe, man konnte sich sogar ein Buch holen von dort, wenn man es gerade brauchte. In der Nacht mussten wir in Stockbetten, die im Festsaal aufgestellt waren, schlafen. Nach Fliegerangriffen war, sollten Institutsgebäude getroffen werden, bei Aufräumarbeiten zu helfen.

Bei einer solchen Arbeit – es sollten große Fensterflügel aus den Angeln gehoben werden, fiel mir aus beträchtlicher Höhe eine Oberlichte auf den Kopf. Ich, blutüberströmt, bekam auf der Unfallstation einen eindrucksvollen Kopfverband. Nach einigen Tagen verrutschte der Verband, ich nahm ihn ab, konnte das blutverkrustete Haar waschen und zur Tagesordnung übergehen.

Parallel mit dem Anglistikstudium lief auch das Schauspielstudium weiter, nach einem kurzen Besuch im Konservatorium in einem privaten Kreis. Ein von meinem Talent besonders überzeugter Schauspiellehrer, der gleichzeitig auch Schauspieler des Burgtheaters war, bestand darauf, mir einen Vorsprechtermin im Burgtheater zu verschaffen, bei Herbert Ihering, der damals die Rechte Hand von Lothar Müthel war. Ich hatte mir zwar nicht davon versprochen, sofort ans Burgtheater engagiert zu werden, und Ihering war auch recht liebenswürdig zu mir, aber Erfolg war es keiner, soviel stand fest. Die Bühnenreifeprüfung, vor einer Kommission der Reichstheaterkammer, bestand ich ohne Schwierigkeiten, aber auch ohne rauschenden Erfolg. Im Juni 1944, mit Zeugnis von der Reichstheaterkammer. Kein günstiger Termin. Dass just in jenen Tagen der Reichspropagandaminister Dr. Goebbels den totalen Krieg ausrief, war sogar ausgesprochenes Pech, denn es bedeutete, dass sämtliche Theater Großdeutschlands zusperren mussten, was die Chancen auf eine Theaterkarriere doch sehr verminderte. Trotzdem versuchte ich mein Glück bei einer der zwei Theateragenturen, die es damals in Wien gab. Emmering, hieß die Dame, bei der ich vorsprach. In meiner Erinnerung war es ziemlich schrecklich: das Büro, die Agenturchefin, das Vorsprechen – alles. Ich wurde mit einem hochgewachsenen, feschen Offizier in tadellos sitzender Uniform bekanntgemacht – Schwetter hieß er und spielte nach dem Krieg eine nicht unbedeutende Nummer in der Filmbranche – der, so sagte er, eine Frontbühne leitete und mich gerne engagieren wollte. Ich könnte die Franziska in „Minna von Barnhelm" spielen (nicht die Minna, die hätte ich nämlich studiert gehabt) und in einem Bauernschwank „Krach um Jolanthe" irgendeine Bauernmagd, so sagte er. Innerlich rümpfte ich darüber die Nase, erklärte mich aber doch bereit, ins Café Dobner zur Vertragsunterzeichnung zu kommen. Die Wehrmachtstournee sollte irgendwohin in den Nordosten führen.

Da ich aber inzwischen, bei der Feier unserer bestandenen Bühnenreifeprüfung, meine große Liebe kennengelernt hatte, sagte ich die Tournee ab. Beschloss, in Wien zu bleiben, das Anglistikstudium fortzusetzen und die Kunst warten zu lassen. Dass es mir nicht leicht fiel, lässt sich denken. Schließlich war die Schauspielerei mein größter, mein einziger Berufswunsch gewesen die Jahre hindurch, und nicht das Lehramt, das ich kraft meines Studiums ja hätte anstreben müssen.

Ich entschloss mich also, den Soldaten meine Schauspielkunst vorzuenthalten. Die Tournee fand ohne mich statt. Viele Jahre später, als ich in meiner Funktion als Pan American-Angestellte den nun nicht mehr uniformierten aber immer noch ganz feschen Karl Schwetter am Schalter bedienen musste (seine Stimme war allerdings zu hoch, das störte die Vollkommenheit) gab ich mich zu erkennen, erinnerte ihn an mein damaliges Vorsprechen und fragte, was denn aus der Tournee geworden sein. Die muss ein ziemliches Disaster gewesen sein. Zum Spielen dürfte es gar nicht gekommen sein. Jedenfalls rückte die russische Armee bedrohlich näher, erzählte er, die weiblichen Mitglieder der Truppe wurden eilends ins Hinterland geschickt. Ich konnte also feststellen, dass ich nichts versäumt, sondern mir etliches erspart hatte. Nervenkitzel gab es schließlich auch in Wien gegen Ende des Krieges mehr als genug.

Endlich war der Krieg zu Ende. Das Studium konnte freilich vorderhand nicht abgeschlossen werden, die angefangene Dissertation (Tom Taylors historische Dramen) ruhte bombensicher in dem geflochtenen Reisekorb bei den Verwandten in der Wachau, in St. Lorenzi, ich ließ sie auch auf meinem Weg aus Wien westwärts ruhen. Für intellektuelle Spielereien war damals kein Platz, es ging ums schlichte Überleben. Was so schlecht und recht gelang, in Salzburg.

Der erste Versuch, in meinem immerhin ordentlich erlernten Beruf, der Schauspielerei Fuß zu fassen, endete eher kläglich. Es gelang mir, ich weiß nicht wie, einen Vorsprechtermin im Salzburger Landestheater zu bekommen, das damals, gleich nach Kriegsende, bereits wieder spielte. Der Beklagenswerte, der mich und mein Gretchen-im-Kerker anhören musste, war, glaube ich, Erwin Faber, Regisseur und in Fachkreisen recht bekannt. Er war von mir nicht gerade hingerissen, das war ihm anzusehen, stellte aber fest, dass ich einen guten Lehrer gehabt haben müsse – war das ein Kompliment? – und bedauerte, keine Verwendung für mich zu haben. Meine Freundin Herta wurde allerdings engagiert, im „Konzert" für eine der vielen Gänse, Schülerinnen des Meisters. Auch keine Mezzie.

Ich konferierte also weiter für die amerikanischen Soldaten, meist ohne Gage, aber um ein Nachtmahl und zusammen mit meinem Liebsten, der dem Schrecken des Krieges halbwegs wohlbehalten entkommen war. Das Engagement bei einem nicht ganz seriösen Manager, der die Truppen für die bunten Abende zusammenstellte, verdankte ich nicht meinem Talent, sondern meinen bescheidenen Englischkenntnissen. Ich sagte an, übersetzte alte Kabarettnummern und alte Schlager ins Englische, sang das ein oder andere Liedchen selber, wurde von den Soldaten, die bekanntlich ein dankbares Publikum sind, heftig beklatscht und meinte, diese Tätigkeit auch nach meiner Rückkehr nach Wien fortsetzen zu können. Inzwischen gab es auch in Wien in der amerikanischen Zone Nightclubs für die Soldaten. Ich wurde engagiert, versuchte es mit meinen harmlosen Liedchen, in meinem dürftigen Abendkleid aus rotem Fahnenstoff, von der ungarischen Flüchtlingsschneiderin genäht, und erlebte ein kolossales Fiasko. Ich wurde regelrecht ausgebuht und verließ das Lokal fluchtartig und ohne die Gage zu kassieren. Was war geschehen? In Salzburg spielten wir nur für die amerikanischen Soldaten, Mädchen waren (Fraternisierung verboten!) nicht zugelassen.

In Wien, etliche Monate später, war die Fraternisierung heftig im Gange, die Clubs waren voll von Fräuleins, die es sich mit ihren boyfriends gut gehen ließen, Amizigaretten rauchten, Whisky tranken und in den dämmrigen Clubs innig schmusten. Denen konnte man mit meinen schelmischen Liedchen vom süßen Kuss des G.I. Joe oder vom Fraternisierungsverbot, mit denen ich bei den naiven jungen Soldaten einst solchen Erfolg gehabt hatte, nicht kommen. Damit war die Zeit der Ami-Tingelei vorbei.

Inzwischen hatte in Salzburg ein Lokal aufgemacht, eine Art Kabarett, betrieben von Fred Kraus, das erste Lokal, zu dem Einheimische Zutritt hatten. Es gab zu trinken, es gab Musik, zu der getanzt werden konnte, und es gab ein ordentliches Kabarettprogramm mit einer kleinen Bühne und einem kleinen Ensemble. Fred Kraus, das hatten wir in Erfahrung gebracht – wie, das kann ich mir heute nicht mehr vorstellen, gab es doch kein Telefon, keine Postverbindung – suchte noch Schauspieler. Männliche. Walter meldete sich. Er war zwar kein gelernter Schauspieler, war aber männlich, hatte halbwegs gerade Glieder und sah passabel aus. Männer waren in dieser Branche immer Mangelware, besonders natürlich nach dem Krieg. Er wurde also engagiert. Offenbar waren junge Männer wirklich so sehr Mangelware, dass er es sich erlauben konnte, Bedingungen zu stellen. Er würde, so sagte er, nur unterschreiben, wenn Fred Kraus auch mich engagieren würde. Und der nahm mich tatsächlich. (Im Krieg hatte man das Kopplungsverkauf genannt; wer am Naschmarkt Spinat wollte, musste holländische Rüben dazunehmen.)

Mir war das peinlich. Aber ich hatte ein Engagement! Und kämpfte mich so wacker durch, dass ich im Lauf der Aufführungen für die Hauptdarstellerin einspringen und ihr Chanson singen durfte. Der Boss wollte mich – so gut war ich – sogar für das nächste Programm haben, das roch schon ein bisschen nach Erfolg. Aber da war schon die Heimkehr nach Wien in Sicht, und ich musste ablehnen.

Nun begann die Jobsuche. An eine Fortsetzung des Studiums war nicht zu denken – die meisten Lehrstühle waren unbesetzt, die Professoren wegen Parteizugehörigkeit ihres Amtes enthoben. Ich konnte und wollte nicht abwarten, bis sich auf der Uni normalere Verhältnisse einstellten. Mit dem Herzen war ich ohnedies nie beim Studium gewesen. Also: Jobsuche. Es ergab sich durch eine Zeitungsannonce, mit der englischsprechende Damen und Herren gesucht wurden, dass ich bei der Pan American landete, ohne zu wissen, um welche Firma es sich handelte. Gleichzeitig gelang mir ein Engagement in einer Kleinkunstbühne, im Keller des Café Prückel, für das Sommerprogramm. Keine Ruhmestat: eine Mitwirkung in einem kleinen Sketch, ein Chanson („Die alte Sesselfrau im Park"), eine bescheidene Ansage. Die guten Rollen spielten die Kollegen. Immerhin: Tagsüber ließ ich mich in die Geheimnisse der Fluglinie einweihen, abends eilte ich ins Café Prückel, und in den Pausen saß ich in der Garderobe und verfertigte Übersetzungen ins Englische.

Dass eine solch hektische Dreifachtätigkeit nicht dauerhaft durchzuhalten sein würde, war klar. Die Kunst zog wieder einmal den kürzeren, die Vernunft in Form der Fluglinie siegte.

Dann begann mein Erwachsenenleben. Nicht immer mit Erfolgen, auch mit Enttäuschungen, mit Niederlagen. Erfolge und Misserfolge dürften sich, so vermute ich, die Waage gehalten haben.

Grillparzer und ich

Wann bin ich ihm das erste Mal begegnet? Dem Herrn Grillparzer? In meiner elterlichen Familie war er sicher kein Begriff. Schiller ja. Den Band mit Schillers Dramen hat mir mein Vater zu lesen gegeben, vermutlich damals, als ich im Burgtheater (Direktion Röbbeling) die „Jungfrau von Orleans" sehen durfte. Jugendabonnement zu sehr ermäßigten Preisen. Drei Vorstellungen gab es: „Jungfrau", „Romeo und Julia" und „Weh dem, der lügt!". Und dabei habe ich, dank Hermann Röbbeling (Burgtheaterdirektor zwischen 1932 und 1938), im Alter von etwa vierzehn Jahren, Mittelschule Unterstufe, nicht nur die Bekanntschaft mit Schiller und Shakespeare, sondern auch die mit unserem österreichischen Klassiker Grillparzer gemacht.

„Weh dem, der lügt!" hat mich von den drei Stücken, die man uns Jugendlichen damals zugemutet hat, am wenigsten beeindruckt. Ich weiß zwar noch die Besetzung – Theater hat mich als solches schon damals fasziniert – aber die Handlung, die seltsame Moral des Stückes hat mich nicht berührt. Hermann Thimig, damals kein Jüngling mehr, spielte den Leon in der Tradition des Wiener Volkstheaters, wie Raimund und Nestroy, pfiffig, ein wenig knieweich, eine Art Truffaldino. Seine Edrita war Alma Seidler, liebenswert und naiv, Atalus der damals als Bonvivant bekannte Hans Wengraf, Kattwald wurde vom stimmgewaltigen Franz Höbling geröhrt, der dumme Galomir war mir schon als Maikäfer in „Peterchens Mondfahrt" und als Fortunatus Wurzel und Schuster Knieriem ans Herz gewachsen: Ferdinand Maierhofer. Der schrecklichste der Schrecken allerdings ist mir als Bischof in Erinnerung geblieben, altes Burgtheater in Reinkultur: Ferdinand Onno. Sein beinahe gesungenes „Dein Wort soll aber sein: Ja, ja; nein, nein." klingt mir heute noch im Ohr.

Nein, Verzeihung, Herr Grillparzer, diese unsere erste Begegnung war keine glückliche. Auch „Der Traum ein Leben, etliche Jahre später, konnte ich nichts abgewinnen, obwohl sich die Besetzung durchaus sehen lassen konnte: Fred Liewehr, Heinz Woester, Maria Holst, Erika Pelikowsky. „Die Ahnfrau", „Libussa" – im Jahre 1941 gab es Grillparzer-Wochen – ließen mich kalt.

Erst „Sappho", „Medea" und, vor allem „Des Meeres und der Liebe Wellen" ergriffen, ja erschütterten mich. Das war schon die Zeit, in der ich Schauspielerin werden wollte, mit dem Rollenstudium begann und plötzlich draufkam, dass Grillparzer wunderbare Frauenrollen schreiben konnte. Ja, das konnte er wirklich, der alte Griesgram, als der er immer dargestellt wurde. Dass er durchaus in jüngeren Jahren mit vielen Frauen leidenschaftliche Beziehungen pflegte, lernte man in unseren Lehrbüchern nicht. Er lernte jedenfalls die weibliche Psyche recht gut kennen, vielleicht zu gut, um sich zu einer Heirat entschließen zu können. Die „Hero" ist ihm gelungen, Paula Wessely war hinreißend, wenngleich eher junge Wienerin als junge Griechin, und Paul Hubschmid als „Leander" sah wie ein schöner Griechenjüngling aus.

Maria Eis begeisterte nicht nur mich als „Sappho" und „Medea".

Die politischen Stücke, „Ein treuer Diener seines Herrn" oder „Ein Bruderzwist im Hause Habsburg", den ich heute am meisten schätze, fand ich als junges Mädchen eher langweilig, vermutlich, weil keine Rollen für unsereins drin waren. „König Ottokars Glück und Ende" musste man als guter Österreicher eigentlich kennen, und es gefiel mir auch. Ewald Balser spielte den Ottokar, Fred Hennings war ein schneidiger Zawisch, Maria Eis eine feurige Kunigunde. Raoul Aslan ein etwas larmoyanter Rudolf von Habsburg. Und die berühmte Rede auf Österreich des Ottokar von Horneck wurde von dem wunderschön-weißhaarigen Otto Tressler zelebriert. Ja, die Rede auf Österreich. Sie gefiel mir, sie ergriff mich, ich kannte sie auswendig. Erst später, als Hans Weigel, der alte Spötter, sie in seinem „Götterfunken mit Fehlzündung" kritisch zerpflückte, kann ich sie nicht mehr unbefangen hören.

Im Lauf des Älterwerdens wird man kritisch, und die Götter der Jugendjahre kommen allmählich von ihrem Denkmalsockel herunter und stellen sich als durchaus irdische, manchmal sogar etwas komische Figuren dar. Etwa „Die Ahnfrau": Als junges Mädchen habe ich sie im Burgtheater gesehen, mit Erika Pelikowsky, die damals alle guten Rollen spielte, mit Fred Liewehr, fesch und feurig wie immer. Die anderen weiß ich nicht mehr zu nennen. Doch, ich glaube mich an den schrecklich pathetischen Raoul Aslan zu erinnern. Und Martha Dangl gab die Titelrolle, die bewusste „Ahnfrau", die sich in die gewisse stille Klause begeben wollte. Ich glaube, sehr ernst habe ich das Stück schon damals nicht genommen. Ich habe mich sogar dem von vielen Schauspiel-Schülerinnen oft studierten und vorgetragenen Monolog der „Berta" verweigert, obwohl der für eine junge Künstlerin doch so romantisch zu spielen ist. Es ist das Versmaß, das mir schon damals missfallen hat:

> *Rief man mir? – Nu, Berta rief es,*
> *Ei, und Berta ist mein Name. –*

Aber nein, ich bin allein!
Stille, still! Hier liegt mein Vater,
Liegt so sanft und regt sich nicht.
Stille! Stille! Stille! Stille!
Wie so schwer ist dieser Kopf,
Meine Augen trübe, trübe!

Nein, verzeihen Sie, liebster, bester Herr Grillparzer, mit ei! und nu! können Sie bei mir nicht punkten, schon damals nicht, als mir alles, was sich auf der Burgtheater-Bühne abspielte, heilig war.

Viele Jahre später, ich war schon recht erwachsen, gab es auf Burg Forchtenstein im Burgenland Festspiele. Es wurde „Die Ahnfrau" gespielt, durchaus sinnig und passend für diesen Ort. Eine lustige Damenrunde, teils noch Freundinnen aus der Schauspielschulzeit, beschloss, sich diesen Kunstgenuss zu gönnen. Wir waren unser vier oder fünf, eine Wagenladung voll, trieben schon auf der Fahrt unsere Späße und kamen (ohne Weingenuss) in bester Stimmung in Forchtenstein an, suchten unsere Plätze auf, inmitten einheimischer Kulturbeflissener.

Das Stück begann. Die Besetzung weiß ich freilich nicht mehr. Nur Peter Gerhard ist mir noch in Erinnerung, er spielte den Kastellan und übertrieb so schauerlich, dass eine von uns zu lachen begann, was die anderen aus unserer Runde ansteckte. Nun gab es kein Halten mehr. Je trauriger das Stück fortschritt, desto heiterer wurden wir. Die Tribüne, auf der wir saßen, schwang, durch unser Gelächter bewegt, auf und nieder. Die anderen Zuschauer, vorwiegend ältere Damen, von dem schaurigen Stück ergriffen und bewegt, empörten sich. „Wie man über so ein trauriges Stückel lachen kann!" wurden wir von allen Seiten zurechtgewiesen.

Ob wir bis zum bitteren Ende ausharrten, weiß ich gar nicht mehr. Ich vermute, dass wir, von heftigen Lachkrämpfen geschüttelt, vor der Zeit die Flucht ergriffen.

Nochmals: Verzeihung, Herr Grillparzer!

Mein unrühmliches Vorsprechen im Burgtheater kann ich unserem verehrten Klassiker nicht anlasten, obwohl er einen gewissen Anteil daran hatte. (Schließlich sprach ich damals, lang, lang ist's her, die „Hero" vor, und die ist bekanntlich von ihm.) Über das Ereignis decken wir wohl den Schleier des Vergessens. Wer Genaueres wissen will, möge in meinem Buch „Zimmer Kuchl Kabinett" nachlesen.

Hans Weigel stand, wie ich schon erwähnte, unserem Nationaldichter nicht unkritisch gegenüber. Trotzdem ist ihm das Fernsehstück, das er über den Herrn Grillparzer und seine langjährige Beziehung zu den Schwestern Fröhlich geschrieben hat, so gut gelungen, dass es mir heute noch, nach vielen Jahren, in bester Erinnerung geblieben ist, mit Elfriede Ott als Kathi Fröhlich und Hans Holt als Grillparzer, das ich gerne wieder sehen würde.

Wie auch die alten Inszenierungen aus dem Burgtheater: „Sappho", „Bruderzwist", „Ottokar". Nicht unbedingt die Neuinszenierung von „Weh dem, der lügt!".

Aber das ist eine Geschichte, von der ich heute nicht reden will.

Von dem anderen Grillparzer, seiner Selbstbiographie, seinen Gedichten und Prosaschriften weiß ich kaum etwas. Und gerade darin müsste seine Persönlichkeit sich erst erschließen, das zutiefst Österreichische uns als verwandt erkennbar werden. Zwanzig in Leder gebundene Bände „Gesamtausgabe" warten darauf, gelesen zu werden.

Im Fernsehen

Im September 1971, bei der Präsentation meines ersten Buches in der Alten Backstube würde auch das Fernsehen dabei sein, verhieß mein Verleger.

Fernsehen, das hatte seit seinen Anfängen rapid an Bedeutung gewonnen. Im Fernsehen in Erscheinung zu treten, das war wie ein Adelsbrief. Ich war in jeder Beziehung ahnungslos, was da auf mich zukommen würde. Am liebsten wollte man Heinz Conrads sehen, den Publikumsliebling, aber der hatte abgelehnt, und so erklärte sich Richard Eybner bereit, ein kurzes Gedicht von mir vor der Kamera zu lesen. Dann sollte ich drankommen.

Man richtete mir ein Platzerl her, in der Backstube, die der Besitzer des Lokals noch im Original belassen hatte, und von der es seinen Namen hatte. Zwischen Backtrögen und Backofen wurde ich an einen Arbeitstisch gelehnt, bekam mein Buch in die Hand gedrückt, eine Kamera richtete sich auf mich, Scheinwerfer blendeten, der Toningenieur brummte, weil ihm Stimmengewirr den Ton verdarb, die Redakteurin gab mir ein Zeichen zum Anfangen, und so hab ich halt angefangen zu lesen.

Dass das damals gut gegangen ist, kann ich nur meiner Ahnungslosigkeit zuschreiben.

Während ich „Mei Bua" vorlas, zogen hinter der Fernsehapparatur die Gäste vorbei in die für Gastereien vorgesehenen Räume. Und wie das so ist bei Fernsehaufnahmen: Jeder blieb stehen und schaute erst ein Weilchen zu, bevor er weiterging, und alle plauderten angeregt drauf los, während ich um Konzentration rang. Es war eine Aufzeichnung, wie man mir erklärte, gesendet würde erst ein paar Tage später. Im Rahmen eines Kulturbeitrags, den sich nur eine kleine Minderheit ansieht.

Ich hatte aber Glück, die Sendung begann mit einiger Verspätung (damals war man im Fernsehen nicht so heikel mit der Pünktlichkeit) und geriet so unversehens in die Beginnzeit der beliebten Heinz Conrads-Sendung, so dass meine kleine Lesung auch von dem großen Conrads-Publikum gesehen wurde.

Das hat meiner jungen Popularität sehr gut getan.

Meinen ersten „ordentlichen" Fernsehauftritt hatte ich bei Ernst Hagen im „Seniorenclub", der damals noch im Ronacher aufgezeichnet wurde. Das schäbige Ronacher mit seinen schmuddeligen Garderoben ließ keine Befangenheit aufkommen. Die Maskenbildnerin zauberte mir ein neues Gesicht und eine hübsche Frisur aus ihrem Köfferchen – sogar Wimpern hat sie mir geklebt! Dazwischen kam Ernst Hagen vorbei, auch Peter Dörre, der Regisseur, beide lieb, freundlich und voller Gelassenheit, als ob niemand im Zeitdruck wäre. Auf meine Frage, was ich denn lesen solle, und wie lange, hat mich die Antwort: „Was Sie wollen … wie lang Sie wollen …", sehr überrascht. Ich hatte mir das alles ganz anders vorgestellt. Viel strenger, viel exakter, viel mehr einstudiert, viel angespannter. Aber diese legere Art war natürlich sehr angenehm und nahm einer Anfängerin wie mir jede Nervosität.

Im Lauf der Jahre sollte sich das freilich gewaltig ändern …
Der Küniglberg tat sich auf. Auch für mich.

Das Gebäude ist imponierend, und es soll Leute geben,
die sich drin auskennen. Lange Gänge, die um unvorherge-
sehene Ecken führen, geheimnisvolle Buchstaben – und
Zahlengruppen. Der Laie verliert in kurzer Zeit die Orien-
tierung und läuft im Kreis. Fernsehauftritte im Studio sind
trotzdem unproblematisch. Man ist von Fachleuten umsorgt
und fühlt sich geborgen.

Leider ist mir diese Geborgenheit nicht immer beschieden.
Ich muss der Kamera entweder im Freien oder in einer Pri-
vatwohnung ins Auge blicken, manchmal sogar in meiner
eigenen.

Im Freien ist man vom Wetter abhängig.

Einmal sollte ich ein Buch besprechen, das über die Landschaft rund um Wien handelt. Weil man sich um Originalität
bemühte, sollte an Originalschauplätzen gedreht werden.
Also mitten in der Lobau, zwischen Schilf, Tümpeln und
Mücken, noch dazu bei glühender Mittagshitze. Dabei noch
durchgeistigt dreinschauen, weil es sich ja um eine Buchbesprechung handelte, und nicht einmal um mein eigenes Buch.
Durchaus kein Vergnügen.

Zum Ausgleich fror ich mir bei Aufnahmen zur Promo-
tion meines „Zimmer Kuchl Kabinett"-Buches beinahe die
Zehen ab. Auch diesmal: Originalschauplatz Hernals, ein
Bankerl auf der Alszeile, im Winter. Das Bankerl war noch
schneebedeckt. Der Schnee wurde weggeputzt, dann
setzte man mich auf den nasskalten Fleck, um aus meinem
Buch vorzulesen, während das Fernsehteam Zuflucht im
Auto suchte. (Mein Lesetempo war dementsprechend schnell.)

Dass ich dann noch in meinem Geburtshaus - natürlich im Hof, also im Freien – locker plaudern sollte, während aus den Fenstern die mitfühlenden Gesichter der Hausbewohner auf mich herunter schauten, war auch nicht besonders stimulierend.

Für das deutsche Fernsehen musste ich im Februar, ebenfalls bei Minusgraden, im offenen Fiaker durch Hernals, Dornbach und Neuwaldegg fahren. Dass ich dabei glücklich dreingeschaut habe, möchte ich bezweifeln.

Im Fernsehen II

Man sollte annehmen, dass Aufnahmen, die unter Dach stattfinden, angenehmer, weil wettergeschützt verlaufen.

Ganz ohne Überraschung geht es aber auch nicht ab.

Wieder einmal hatte ich eine Buchbesprechung abzuliefern. Diesmal habe ich meine eigene Wohnung vorgeschlagen. Das Fernsehteam rückte an, eine stattliche Anzahl von starken Männern, die Kamera, Kabel, Scheinwerfer, Mikrofone, Tonbandgeräte und geheimnisvolle schwere Metallkisten schleppten. Alle waren sehr freundlich und rücksichtsvoll. Es stimmt nicht, dass sie Löcher in die Decke bohren oder Wände umlegen. Nein, sie verrücken höchstens die Möbel ein bisschen, probieren leise fluchend die unzulänglichen Steckkontakte aus, und verlassen den Schauplatz erst, nachdem sie alles wieder in den ursprünglichen Zustand versetzt haben.

Man setzte mich in einen Fauteuil unter meine Stehlampe, beleuchtete mich, probierte das Mikrofon aus, die Redakteurin stellte sich neben die Kamera, und dann ging es los. Ich redete nicht allzu locker, aber ohne den Faden zu verlieren. „Sehr schön!" sagte die Redakteurin befriedigt. „Nur leider um zwei Minuten zu lang. Bitte noch einmal, genau so, aber um zwei Minuten kürzer!"

So etwas ist grausam. Ein Trost: Es war ja eine Aufzeichnung. Wenn sie misslang, konnte man wiederholen.

Jedoch der Kameramann, plötzlich eine Schattierung blasser, erklärte, er hätte nur mehr ein paar Meter Film. Eine Wiederholung komme aber leider nicht in Frage. Es *müsse* klappen.

Und es *hat* geklappt, ich weiß nicht, wie. Die Redakteurin rief triumphierend: „Vier Minuten!" und alle atmeten erleichtert auf.

Seit damals habe ich den Ruf eines „Profis".

Wie ist die Reaktion des Publikums auf eine Sendung, die oft unter misslichen Verhältnissen, mit beträchtlichem Aufwand an Technik und Menschenkraft zustande gekommen ist, an der stundenlang gearbeitet wurde, in der jeder sein Bestes gab und die dann in ein paar Minuten vorbeigeflimmert ist? Der Zuschauer, durch das Fernsehen zur Passivität erzogen, lässt sich berieseln, aber nur wenige schauen gezielt und aufmerksam zu.

Nach einem meiner Auftritte im „Seniorenclub", bei dem ich mich bereits zum „Stargast" hinaufgedient hatte und daher relativ lange im Bild zu sehen war, bei dem das Buch, aus dem ich vorlas, groß von der Kamera erfasst wurde, mein Name und auch der Buchtitel des öfteren genannt wurden, kam eine große Anzahl von Briefen an den ORF, die man mir dann zugeschickt hat. Sie lauten ähnlich wie der folgende, den ich hier zitieren möchte:

***

„An den Pensionsverband:

Vor allem bitte möchte ich Sie alle herzlichst grüßen, und wünsche das diese Sendung immer guten Anklang bekommt. Und bitte ich schaue auch immer zu, und bitte den vorletzten Sonntag war eine Frau bei euch die von ihr selbst einige Gedichte dichtet, und gelesen hat, die mir gefielen, und dieses Buch wenn sie es zum Verkauf hat, so möchte ich sie bitten von diesem Buch eines zu verkaufen, bis 2.–3. Juni, für ältere Menschen. Möchte euch zuerst fragen was dieses kostet, bitte auch um Entschuldigung meiner Schreibfehler. Ich grüße euch nochmals aufs herzlichste, bin auch Pensionsmitglied im Verband M."

Abgesehen davon, dass der Brief lieb und rührend ist, weil er dem Schreiber offenbar große Mühe gemacht hat, zeigt er doch, dass der Durchschnittsseher sich weder Namen noch Buchtitel merkt, höchstens die Tatsache, dass man eine Frau ist.

Es wirkt befremdend, seine eigene Stimme im Rundfunk zu hören. Viel schlimmer aber ist es, sich selber ins Gesicht zu schauen. Es gibt Leute, die sich selber gerne sehen und auch insgeheim fabelhaft finden.

Ich halte es da eher mit Wilhelm Furtwängler, der einmal gesagt haben soll: „Ich bin nicht mein Typ."

Theater an der Wien

Es steht mir nahe, dieses Theater. Nicht nur geographisch. Oder auch geographisch. Die Häuser der Gasse, in der ich seit Jugendjahren wohne, und die Bewohner dieser Häuser haben irgendwie mit diesem Theater zu tun. Im Haus gegenüber hat der Theaterdirektor Steiner gewohnt, und nach seinem Tod seine Witwe, die sich oft mit ihrem Hund beim Fenster gezeigt hat und der ihr beängstigend ähnlich geschaut hat. Auf der anderen Seite der Gasse, schräg vis-à-vis, gibt es das Lehár-Haus, und lange Zeit hindurch den dazugehörigen Musikverlag.

Im Nebenhaus wurde eine Gedenktafel für den seinerzeit hier wohnenden Wunderkind-Komponisten Erich W. Korngold angebracht, in der Wohnung unter mir lebte der Komponist und Rechtsnachfolger der berühmten Operette „Dreimäderlhaus", der oft und angenehm Klavier spielte. Sie alle – und viele mehr – wohnten in unmittelbarer und praktischer Nachbarschaft dieses ehrwürdigen Theaters.

Das Theater an der Wien spielte auch eine große Rolle im Leben meiner Mutter; sie hat mir oft davon erzählt, wie sie als junges Mädchen von der Vorstadt zu Fuß in die Stadt gepilgert ist, um die „Lustige Witwe" und andere Operetten zu bewundern. Die Namen der Stars von damals, Mizzi Günther, Hubert Marischka, Louis Treumann und Betti Fischer sind mir durchaus geläufig. Vor allem Betti Fischer!

Wenn ich als kleines Mäderl an der Hand meiner Mutter den Hernalser Friedhof besuchte, um unser Familiengrab zu pflegen, fuhr gelegentlich ein Fiaker vor, drin saß eine Dame – „Das ist die Betti Fischer", flüsterte die Mutter ehrfurchtsvoll –, die auch auf dem Weg zu ihrem Familiengrab war.

Nach dem Krieg, als die Staatsoper noch nicht wiederaufgebaut war und in dem schönen, unversehrten Haus an der Wien wunderbare Vorstellungen zustande brachte, war ich gelegentlich dankbarer Gast des legendären Mozartensembles.

Im Zuschauerraum, versteht sich. Als später das Musical Einzug hielt, begeisterte mich diese neue Kunstform erst recht.

Von mehr war damals freilich noch keine Rede.

Aber als ich Johannes Fehring kennenlernte, der damals, unter der Direktion Rolf Kutschera, musikalischer Leiter im Theater an der Wien war und dort unzählige Musicals erarbeitete, betrat ich das Haus das erste Mal nicht durch den Zuschauereingang, sondern hintenherum. Entweder musste ich beim Bühnenportier etwas abholen, das Fehring für mich deponiert hatte, oder er verlangte eine Reparaturarbeit an irgendeinem Musicaltext, an dem gerade probiert wurde. Zu diesem Zweck wurde ich durch den Bühneneingang, beim Bühnenportier vorbei, in ein Kammerl mit Klavier geschleust, ich bekam die betroffenen Noten mit der Anweisung, was am Text so zu ändern wäre, dass es sangbar wäre. Meist war es eine dringende Arbeit, weil gleichzeitig auf der Bühne die Hauptprobe im Gange war.

Und eines Tages, die Direktion Kutschera ging dem Ende zu, veranstaltete das Theater für seine Angestellten, nicht nur das künstlerische Personal, sondern für alle eine Adventfeier. Ich, die ich vor kurzem ein Weihnachtsbuch verfasst hatte, wurde zur Mitwirkung eingeladen, sollte auf der Bühne ein paar Gedichte vorlesen. Auf der Bühne des Theaters an der Wien! Eine große Ehre.

Ich warf mich also in Gala, bodenlange, und begab mich (zu Fuß) um die Ecke zum mir bereits wohlbekannten Bühneneingang.

Irgendein Mensch vom Haus, der mit der Organisation dieser Veranstaltung zu tun hatte, nahm mich in Empfang, geleitete mich in dem Labyrinth des Theaters in ein Kämmerchen, hieß mich dort warten bis zu meinem Auftritt.

Ich wartete.

Wie ich über einen Lautsprecher hören konnte, war auf der Bühne bereits begonnen worden. Man hatte mich über den Ablauf nicht informiert. Ich war also darauf angewiesen, dass man mich rechtzeitig holen würde.

Aber niemand kam. Schön langsam wurde ich unruhig. Es würde mir nichts anderes übrig bleiben, als mich auf eigene Faust auf den Weg zu machen, Richtung Bühne. Leicht gedacht. Sich in dem Wirrwarr von Stiegen, Zimmern und Garderoben eines alten Theatergebäudes zurecht zu finden ist für einen Ortsfremden ein Ding der Unmöglichkeit. Der Angstschweiß stieg in mir auf. Meine Rettung war der Lautsprecher. Ich versuchte, den Geräuschen zu folgen, wie die selige Ariadne dem Faden. Und nach einigen Minuten (mir kamen sie wie eine Ewigkeit vor) war ich angelangt bei der Bühne, gerade noch rechtzeitig, um irgendeinen Conférencier zu hören und zu sehen, der meinen Auftritt ansagte.

Und dann war ich draußen. Im gleißenden Scheinwerferlicht, auf der großen Bühne des altehrwürdigen Theaters.

Fragen Sie mich nicht, was ich dort aufgesagt habe, wer im Zuschauerraum saß. Im Dunkeln konnte ich den neuen Direktor, Peter Weck, erkennen und den Noch-Direktor, Rolf Kutschera. Das Haus war voll, ausverschenkt, versteht sich.

Vermutlich gab es freundlichen Beifall. Dann ging ich ab. Irgendwie irgendwohin nach draußen.

Das war mein erster und einziger Auftritt im Theater an der Wien. Man sollte meinen, dass ich jedes Mal, wenn ich beim Bühneneingang vorbeigehe, unzählige Male, mit Freude und Stolz daran denke.

Aber nein. Von dem ganzen Auftritt blieb mir nur dieses panische Angstgefühl, im Theaterinneren verirrt meinen Auftritt zu verpassen.

Lesungen für Jung und Alt

Naturgemäß zählen die reiferen Jahrgänge zu meinen treuen Lesern. Ich werde am häufigsten zu Veranstaltungen eingeladen, die den Senioren gelten, um ihnen aus meinen Büchern etwas vorzulesen.

Die meisten kommen freiwillig, mit denen tue ich mich leicht, denn es herrscht von Anfang an eine freundliche, erwartungsvolle Stimmung.

Schwieriger ist es allerdings, wenn ich in Pensionistenheime eingeladen werde, als Unterhaltungsprogramm während der Jause, eine Art Zwangsbeglückung. Die Damen und Herren werden freilich nicht gezwungen zum Kulturgenuss. Die meisten kennen mich gar nicht und lassen meine Lesung ohne innere Anteilnahme über sich ergehen. Manchen fallen sogar dabei die Augen zu.

Eine solche Veranstaltung ist nicht einfach für den Vortragenden. Gewisse Spielregeln sollte man beachten. Eine Lesung darf nicht zu lang dauern, sonst lässt die Konzentration nach und auch manche körperlichen Nöte machen sich bemerkbar. Man muss laut und deutlich sprechen, auch möglichst langsam, und selbstverständlich mit Mikrofon. (Selbst bei voller Lautstärke sitzen immer noch welche drin, die die Hand lauschend ans Ohr halten.)

Vor allem muss man sorgfältig auswählen, was den Leuten gefallen könnte. Kritisches, Deprimierendes ist nach

Möglichkeit zu unterlassen. Sie haben so viel Trauriges erlebt in den langen Jahren. Jetzt wollen sie lachen, wollen erheitert und getröstet werden. Dafür sind sie dankbar.

Vor einem jugendlichen Publikum zu lesen, widerfährt mir eigentlich selten. Aber seitdem einige meiner Gedichte in Schulbüchern abgedruckt sind, wurde gelegentlich der Wunsch wach, die Dichterin in die Schule einzuladen, um sie persönlich kennenzulernen.

Der Wunsch kommt sicher von der Direktion oder den Lehrern. Da aber eine Dichterlesung, so fad sie auch sein mag, immer noch besser ist als Geprüftwerden oder Schularbeiten schreiben, haben die Schüler nichts dagegen.

Gedichte, die das Älterwerden oder das Rheuma besingen, sind kein Thema für Jugendliche. Auch Liebesgedichte sind vorsichtig auszuwählen, besonders in einer gemischten Klasse, sonst gibt es bedeutungsvolles oder verlegenes Kichern, und die Aufmerksamkeit wendet sich vom Vortragenden ab.

Wenn sich die jungen Herrschaften auch noch so „progressiv", „sozialkritisch" und was es noch für modische Eigenschaftswörter gibt, vorkommen – lachen tut jeder gern, und es geht ein spürbares Aufatmen durch die Reihen, wenn es ihnen gestattet wird. Zu bedenken ist auch, dass sie viel reifer ausschauen als sie tatsächlich sind. Man darf sie nicht überfordern. Gute, lebhafte Diskussionen sind selten, die meisten fühlen sich da gehemmt, besonders wenn der Direktor oder die Lehrerin in der ersten Reihe sitzen, und gehen erst aus sich heraus, wenn die Stunde schon zu Ende ist und sie einem beim Autogrammholen ganz nahe kommen.

Nach einer Lesung vor einer Hauptschulklasse in Ottakring ließ die kluge Deutschlehrerin am nächsten Tag von den Kindern eine schriftliche Auswertung machen, eine anonyme, damit jeder frei von der Leber weg schreiben konnte. Einen Auszug davon hat sie mir geschickt, den will ich Ihnen nicht vorenthalten:

„Gestern haben wir in unserer Klasse eine Dichterin zu Besuch gehabt. Ich fand Frau Marzik sehr sympathisch. Obwohl sie schon im Fernsehen war und einige Bücher geschrieben hat, benahm sie sich so, wie wenn sie zu uns gehören würde. Das Gedicht vom Schulmief brachte sie so, als ob sie selbst noch vor kurzem in die Schule gegangen wäre."

„Ich glaube, sie schaut älter aus, als sie ist."

„Mir hat es sehr gut gefallen, weil die Gedichte so geschrieben sind, wie wir normalerweise zu Hause sprechen."

„Ich habe es mir interessanter vorgestellt, so wie am Schluss ungefähr, aber manches hat mir trotzdem gefallen."

„... Es gefällt mir auch irgendwie besser, weil sie die Gedichte so schreibt, wie es ja wirklich so auf der Welt ist. Und ich glaube, dass die Menschen, die diese Gedichte nicht hören wollen, sich vor der Wahrheit irgendwie verstecken wollen. Mir hat das Gedicht „Magst mi?" am besten gefallen ...".

„Nach der Stunde dachte ich nach und kam darauf, dass uns einiges aus den Gedichten im alltäglichen Leben begegnet, wir es aber nicht besonders beachten ... Auf der einen Seite freute ich mich, dass ich auf einiges aufmerksam gemacht worden war, auf der anderen Seite freute ich mich, dass die Deutschstunde draufgegangen war."

„Gedichte intialekt sind einmal etwas anderes ... gut vormoliert

Gefallen: ja
Vortragen der Gedichte: erste Klasse (spitze!)
Am meisten gefiel mir das Gedicht: „De Mizi is ma Oboscht."

Es kann freilich sein, dass ein Jugendlicher während einer Lesung im Rahmen der Unterrichtsstunde Gefallen an meinen Gedichten findet, und zwar solchen Gefallen, dass er sich so sehr damit identifiziert, dass er sie für seine eigenen hält. Ein junger Mann in einem südlichen Bundesland hat sogar bei einem Jugendlyrikwettbewerb einen Preis gewonnen, indem er eines meiner Gedichte wortwörtlich und ohne Angabe des Autors eingeschickt hat. Durch Zufall bin ich draufgekommen und habe mich bemüht, ihm eine Lektion in Urheberrecht zuteil werden zu lassen.

Aber das ist eine andere Geschichte …

Regentrude

Österreich ist ein schönes Land. Eines der schönsten auf der Welt. Wenn nur das Klima nicht wäre. Dieses vertrackte Klima kann einem unser schönes Land sehr vermiesen.

Außerdem bin ich ein Mensch, der das schlechte Wetter geradezu magisch anzieht. Bei mir regnet es sogar in der Sahara, sobald ich dort einfliege, bei mir hat es schon im August bis auf die Wiese heruntergeschneit im sonnigen Kärntnerland, bei mir gab es eine Überschwemmung der Poebene mit einem drei Tage anhaltenden Gewitter, während meines Festspielbesuches ist die Salzach aus den Ufern getreten und hat beinahe die Staatsbrücke überflutet, und den „Jedermann" habe ich trotz jahrelangen Bemühens noch nie auf dem Domplatz sehen können.

Dass ich bei meinem gestörten Verhältnis zum Wetter immer noch zu Freiluftveranstaltungen eingeladen werde, kann nur dem Optimismus und der Ahnungslosigkeit der Veranstalter zugeschrieben werden.

Ich erinnere mich noch mit Frösteln an die Einladung eines Industriellen, der für seine Freunde im wunderschönen Renaissancehof in Pitten einen Heurigenabend geben wollte. Toni Stricker, mein alter Freund, hat mir die Einladung mitten im Hochsommer übermittelt, für Anfang September, und ich habe ohne Zögern zugesagt, weil man in den

Hundstagen nicht an schlechtes Wetter denkt, und weil der September sich bekanntlich durch besonders beständiges und sonniges Wetter auszeichnet. Der Termin war festgesetzt, der Sommer ging vorbei, mein Urlaub auch, das Wetter war noch immer schön. Eine kleine Erkältung hatte ich mir als Urlaubsandenken mitgebracht, meine Schuld, warum musste ich auch in einem eisigen Salzkammergutsee baden.

In der Nacht vor dem Pitten-Termin gab es ein großes Gewitter, das Thermometer stürzte ins Bodenlose. Nun hatte man mir aber gesagt, die Party würde auch bei Schlechtwetter stattfinden, weil man ins Haus ausweichen könne.

So etwas tröstet.

Beruhigt fuhr ich daher in die Bucklige Welt, vorsichtshalber ein wollenes Umhängtuch im Gepäck. Während der Fahrt regnete es sacht und beständig vor sich hin, es war eiskalt, aber im Auto sitzt man ja nicht im Freien und hat auch zur Not die Heizung zur Verfügung.

Siehe da, als ich mich dem lieblichen Pitten näherte, teilten sich die Wolken, und die Abendsonne wagte sich zaghaft hervor. Die Gastgeber empfingen mich strahlend: „Was sagen Sie zu dem Wetter?!" Bevor ich meine Zweifel anmelden konnte, kam die Mitteilung: „Selbstverständlich bleiben wir im Freien!" Da half nichts, sie waren entschlossen.

Die Gäste trafen langsam ein, alle im eleganten Lodenlook, aber vorsichtshalber mit Autodecken und Pelzen versehen. Sie ließen sich an den Heurigentischen nieder und nahmen Wärmendes zu sich, Schmalzbrote und Schnaps, wegen der Kalorien.

Mir war kalt, trotz Umhängtuch. Mein Hals kratzte, die Nase floss, die Zähne klapperten. Und der Hof, der wunderschöne Renaissancehof, war sehr groß. „Wir sind stolz auf die gute Akustik!" meinte die Hausfrau. Ich brauchte mich gar nicht um ein Mikrofon umzusehen, es gab keines. Ein kleines Lesetischchen stand für mich bereit. Es wurde dunkel, der Hof füllte sich. Meine zaghafte Frage nach Beleuchtung wurde mit Verwunderung quittiert. Offenbar hatte man erwartet, ich würde meine Verse auswendig aufsagen. Dann aber entschloss man sich doch, Kerzen herbeizuschaffen und auf dem Tischchen aufzubauen. Die kühle Nachtluft strich darüber hin und ließ sie flackern, was zwar romantisch aussah, mir aber beim Lesen keine große Hilfe war.

Meine Stimmbänder zogen sich bereits schmerzhaft zusammen in der Eiseskälte. Dabei war ich noch gut dran. Aber Toni Stricker mit seiner Geige und Peter Marinoff, der Gitarrist, kämpften einen erfolglosen Kampf. Kaum hatten sie im Innern des Hauses ihre Instrumente gestimmt und den ersten Schritt ins Freie gewagt, nahmen die Saiten das sehr übel und wurden verstimmt. Die Finger der beiden Saitenkünstler waren klamm und gefühllos, erst mit Hilfe von warmem Wasser konnten sie halbwegs beweglich gemacht werden.

Wir trugen's mit Humor, zitterten und krächzten uns durch unser Programm, die Kerzen flackerten im Winde. Aber die Akustik war tatsächlich gut, sogar meine erkältete Stimme war bis ins letzte Eck zu hören.

Dem Publikum gefiel es: Die Leute saßen eng aneinander gekuschelt, warm eingepackt, hatten ihr Gläschen vor sich und waren zufrieden.

Ich aber war so unterkühlt, dass ich auf der Heimfahrt mit meinen zitternden Händen das Lenkrad kaum halten konnte.

Am nächsten Tag war dann wieder strahlendes Spätsommerwetter.

Beim Schönberger Bauernmarkt hingegen, im Juli, machte uns die Hitze zu schaffen. Das Publikum, das bei der Rundfunkübertragung „Radio Vier Vierteln" zuhörte, spannte Sonnenschirme auf, mir klebte das Dirndlkleid am Leibe, und der gute Schönberger Wein, den man überall kredenzt bekam, heizte noch zusätzlich ein. Nun, ein solches Prachtwetter war den Veranstaltern zu gönnen.

Leider hielt die Pracht nicht lange an. Abends gab es ein Gewitter, und tags darauf goss es in Strömen. Ich hätte es ja wissen können. Tags darauf sollte ich nämlich beim großen Frühschoppenkonzert mitwirken, gemeinsam mit einer gewaltigen Blasmusikkapelle. Im Freien, versteht sich, auf dem Platz vor der Kirche. Absagen wollte man des Regens wegen nicht, also wurde der Frühschoppen kurzerhand in den Wirtshaussaal verlegt.

Das wäre so übel nicht gewesen. Man setzte mich auf die Bühne, die schon recht voll war mit der Musikkapelle. Die Herren rückten freundlich zusammen, und so konnte man mein kleines Lesetischchen noch unterbringen.

Sie spielten wunderbar und mit so gedämpfter Lautstärke, wie es einer Blasmusik möglich ist. Der Lärm war immer noch beträchtlich. Die Leute im Publikum konnten sich nur pantomimisch verständigen und warteten daher mit ihren Gesprächen und Bestellungen, bis die Kapelle ihr Stück beendet hatte, und ich mit meinen Gedichten drankam. Dass das für einen Vortragenden nicht ganz leicht ist, lässt sich denken. Wer hört schon konzentriert zu, wenn er gleichzeitig mit dem Kellner verhandelt, ob er lieber ein Krügel Bier oder ein Viertel Wein, lieber ein kleines Gulasch oder ein Paar Würstel bestellen soll.

Auch diese Veranstaltung habe ich überstanden, diesmal haben die Stimmbänder nur wenig, das Trommelfell aber umso mehr gelitten.

Ich kann es den Veranstaltern noch so eindringlich versichern, dass ich zum Wettergott ein gestörtes Verhältnis habe, ich kann sie beschwören, mich nicht zu einer Veranstaltung im Freien einzuladen – vergebens. Sie glauben mir nicht. Auch die kulturbeflissenen Rodauner beteuerten, ihr Fest, im September, sei Jahr für Jahr mit dem strahlendsten Wetter gesegnet. Ich möge es doch bitte versuchen. Schließlich ließ ich mich überreden und sagte zu.

Als ich den Platz vor der Kirche erklomm, war das Fest bereits in vollem Gange, mit kirtagsähnlichem Gewimmel, Andenkenbuden, fröhlichen Kindern. Vor dem Gotteshaus ein kleines Podium, darauf ein Damentrio, das schon emsig wienerische Weisen zum Besten gab. Auch die Sonne strahlte. Noch. Die nächste Programmnummer war nämlich ich.

Die Damen verließen das Podium, ich betrat es, nahm an einem kleinen Tischchen Platz und öffnete mein Buch. A tempo öffnete der Himmel seine Schleusen und es begann zu tröpfeln. Ein hilfreicher Organisator öffnete einen Regenschirm über meinem Haupt. Das Publikum, das nicht sehr zahlreiche, zog sich zurück und suchte Schutz, wo immer er sich bot. Eine einsame Dichterin unter einem Regenschirm hat wenig Unterhaltungswert. Ich brach die Lesung ziemlich abrupt ab und rettete mich in die trockene Kirche.

Das Rodauner Septemberfest findet Jahr für Jahr statt. Ich wurde allerdings nie mehr zur Mitwirkung eingeladen.

***

Gefahrlos schien mir hingegen, beim Sommertheater in Stift Altenburg mitzuspielen, als Schauspielerin, in Molières „Tartuffe". Nicht im Freien, sondern in der wunderbar barocken Stiftsbibliothek.

Die Aufführung ging auch ordentlich zu Ende. Nach der letzten Vorstellung fuhr ich zufrieden nach Wien zurück, im Autobus, während draußen ein Gewitter tobte. Das konnte mir nun nichts mehr anhaben.

Jedoch am nächsten Tag erfuhr ich, dass das Gewitter so heftig gewesen war, dass es in die Kuppel der Stiftsbibliothek hineingeregnet hatte.

Wie man mir versicherte, sei so etwas seit Menschengedenken noch nie vorgefallen ...

Ein Heimatmuseum
wird eröffnet

Lesungen in den Bundesländern mache ich gern. In der Großstadt gibt es ein solches Überangebot an Veranstaltungen, dass – wenn man kein Vermögen für Werbung ausgeben kann – sich der Publikumsansturm meist in Grenzen hält. Auf dem Land hingegen, in den vielen kleinen Orten, ist ein kultureller Termin ein Ereignis. Teilzunehmen gilt als Pflicht, besonders für Menschen, die sich der Oberschicht zurechnen und daher durch Abwesenheit unangenehm auffallen würden. Auffallen ist in einem kleinen Ort natürlich wesentlich leichter und gefährlicher als in der Großstadt. Mit einem Wort: Kulturtermine sind gut besucht. Und daher für den Vortragenden eine „g'mahte Wiesen".

Als die Einladung an mich erging, bei der Eröffnung eines Heimatmuseum in einem mittelgroßen Ort nördlich von Wien mitzuwirken, der durch seine langjährige Affinität zur Bahn, aber weniger durch seine sonstigen kulturellen Leistungen bekannt war, sagte ich freudig zu.

Man sandte mir zeitgerecht ein Fax mit der geplanten Festfolge, versicherte mir telefonisch, dass das Museum unweit von der Bahnstation und daher binnen Minuten zu Fuß zu erreichen wäre, und dass außerdem eine Buchhandlung einen Büchertisch stellen würde. Über das Honorar waren wir uns auch einig.

Mir blieb also nichts anderes übrig, als mich in ein dem Anlass entsprechendes, bequemes Gewand zu hüllen, meine Lesetasche mit etlichen Büchern, die mir passend schienen, zu packen und auf die Bahn zu warten.

Ich möge, obwohl die Beginnzeit mit 18 Uhr angegeben war, bereits um 17 Uhr draußen sein, legte man mir nahe. Wegen Abrechnung, Besprechung mit der Musik etc. Dagegen war nichts einzuwenden. Mit der Schnellbahn war der Ort in einer halben Stunde zu erreichen. Obwohl der Praterstern und der von mir bevorzugte Bahnhof Wien Nord im Umbau befindlich und zwar beinahe sandlerfrei, aber ebenso frei von Geschäften, Blumenhandlung, Anker-Filiale und natürlich Kassaschalter war, fand ich mich – auch die Züge nach Norden würden von einem anderen Geleise abfahren – gut zurecht. Die Fahrkarte konnte ich beim Schaffner im Zug lösen, eine eventuelle Rüge und Strafgebühr war auszuhalten.

Der Zug kam pünktlich und war nur schütter besetzt. Nun konnte ich überlegen, was ich den Festgästen zu diesem bedeutenden Anlass vorlesen sollte. Die Festfolge sah vor, dass um 18 Uhr die Ehrengäste eintreffen sollten, wobei ein Kammermusiktrio der Regionalmusikschule als Untermalung geplant vor. Danach Begrüßung durch den Bürgermeister (zwei akademische Grade!) und Grußworte durch einen Vertreter der Bezirkshauptmannschaft.

Zur feierlichen Einweihung war eine ökumenische Segnung vorgesehen. Danach sollte ich meinen Beitrag leisten, dreimal jeweils 15 Minuten, umrahmt von Klavier- und Gitarrendarbietungen der Musikschule. Als Abschluss des Festaktes würden die Gäste zur Besichtigung des Heimatmuseums und zu einem kleinen Buffet geladen werden.

Ich pflege mir meine Lesungen fast nie vorzubereiten, sondern stelle sie mir erst zusammen, wenn ich die Art meines Publikums an Ort und Stelle begutachten kann. Während der Bahnfahrt machte ich mir allerdings schon ein paar Gedanken, was ich den Festgästen vorsetzen könnte, um wenigstens annähernd dem Thema, also Heimatmuseum, nahe zu kommen. „Im eignen Vaterland" müsste passen, dann vielleicht etwas vom Bahnfahren, schließlich ist die Gegend ja sehr mit der Entwicklung des Bahnwesens verbunden. Niederösterreich sollte auch vorkommen, die Gründung von Klosterneuburg zum Beispiel, der 15. November steht ja vor der Tür. Und im kommenden Jahr die niederösterreichische Landesausstellung, die angeblich auf Schloss Wetzberg den Heldenberg betreffen soll. Das Gedicht über den Heldenberg in meinem neuesten Buch könnte im weitesten Sinn – Heimat, Ausstellung – passen. Viel mehr ließ sich vorderhand nicht planen. Vier Bücher hatte ich in der Lesetasche, darin würde sich so manches finden, da war ich mir sicher.

Den Ort der Veranstaltung hatte ich trotz Finsternis gefunden: ein alter, ebenerdiger Backsteinbau, aber sorgfältig restauriert. Der Eingang mit Blumen und Bändern geschmückt, reichlich Autos davor. Ich war also richtig.

Ein stämmiger junger Mann verstellte mir den Eingang – war ich am Ende vor einer Disco gelandet? Nachdem ich meinen Namen genannt hatte, gab er den Weg frei, und eine jüngere Frauensperson näherte sich – sie war es, mit der ich telelefoniert und Faxe ausgetauscht hatte. Sie nahm mir die Jacke ab und fragte gleichzeitig, ob ich bei meiner Lesung ein Glas Wasser wollte. Sehr fürsorglich, fand ich, wollte aber doch vorher noch die Situation erkunden.

Der Raum, in dem die Festlichkeit stattfinden sollte, war etwa so groß wie meine beiden Zimmer zusammen, also für einen Vortragsaal relativ klein. An der einen Wand die Porträts der verflossenen Bürgermeister, an den anderen Vitrinen mit Museumsstücken, meist Eisenbahn und Feuerwehr betreffend. Ein Rednerpult, ein mir zugedachter viel zu großer Tisch. Einige hohe Tischchen, für Stehpartys geeignet. Keine Sessel? Keine Sessel!

Meine Betreuerin, die ich besorgt fragte, bestätigte mir: keine Sessel. Das Publikum müsste eben stehen. Ich meldete meine Bedenken an. Eine Stunde stehen würde die Menschen überfordern. Der Musikschuldirektor, der im Nebenraum seine musikalischen Nachwuchskräfte ordnete, war meiner Meinung: Ohne Sessel würden wir ein Problem haben. Aber der Herr Bürgermeister habe es so angeordnet, sagte er etwas pikiert und zuckte die Achseln. Allmählich begann sich der Raum zu füllen. Mit Honoratioren und Gattinnen. Ich blickte lieb und schüttelte Hände. Und beobachtete mein Publikum. Wie ich befürchtet hatte: vorwiegend ältere Leute, viele recht gebrechlich aussehende, festlich gekleidete Damen. Inzwischen hatte man auf meinen Tisch und das Rednerpult Mikrofone aufgestellt, sie sahen neu aus, man war offenbar auf die technische Ausstattung des Lokals sehr stolz. Mit den Mikrofonen, die mir bei der Kleinheit des Raumes etwas übertrieben schienen, könne man im ganzen Haus hören, versicherte mir der Tontechniker. Auf einem Fernsehschirm an der Wand lief indessen eine Videoaufzeichnung irgendeiner vergangenen Festlichkeit ab. Die Technik spielte hier alle Stückeln.

Der Bürgermeister, den ich inzwischen kennengelernt hatte, begrüßte die Gäste, wie es sich gehört. Man reichte Getränke herum. Wer Glück hatte, konnte einen Platz an einem der Tischchen ergattern oder wenigstens sein Glas darauf abstellen. Die anderen mussten eben das ihre in der Hand halten. „Pass auf, du schüttest ja aus!" zischte eine Dame ihrem Gatten zu.

Der Platz, auch zum Stehen, wurde knapp. Zwei Damen, für die man Sitzgelegenheiten aufgetrieben hatte, thronten nebeneinander, meinem Tisch gegenüber. Privilegierte Honoratiorengattinnen offenbar. Die anderen Gäste standen bereits dicht gedrängt.

Da hatte ich eine Idee, die ich dem Herrn Bürgermeister vorsichtig unterbreitete: um Platz zu sparen, solle man den (meinen) großen Tisch hinausschaffen, ich würde eben, wie meine Vorredner, vom Rednerpult aus meine Lesung halten. Der Bürgermeister (zweifacher Akademiker) war begeistert, und auf seinen Wink wurde der Umbau vollzogen.

Der Raum, anfangs recht kühl, wurde merkbar heißer. Es war 18 Uhr geworden. Nach einer rührenden Einleitung durch ein Trio der Musikschule setzte der Bürgermeister zur Begrüßung an. Ich, meines Tisches beraubt, hatte wohlweislich meinen Sessel behalten und lauschte, in eine Ecke gedrückt. Die Begrüßung war, wie es am Land üblich, lang und ausführlich. Es wurde jeder der Ehrengäste namentlich begrüßt, und nach jedem Namen musste das geladene Volk applaudieren, Standing Ovations, nicht aus Begeisterung sondern mangels Sitzplätzen.

Nun folgten die im Programm angegebenen Grußworte der Bezirkshauptmannschaft. Der damit beauftragte Herr (Namen und Rang habe ich nicht behalten) fasste sich kurz, was ihm einen Sonderapplaus eintrug. Das Kammermusiktrio mühte sich wieder redlich. Die Hitze im Raum war angestiegen, die Köpfe der Anwesenden wurden beängstigend rot.

Der „künstlerische" Teil sollte – 3 mal 15 Minuten Lesungen plus Musik dazwischen – eine runde Stunde dauern. Das würden die Gäste nicht durchhalten, davon war ich überzeugt. Ich griff mir den Bürgermeister und teilte ihm meine Bedenken mit. Da solle ich halt kürzer lesen, meinte er. Denn er würde sich mit seiner Ansprache kurz halten. Sagte er. Dass die Menschen, vor allem die Rede haltenden Männer, kein Zeitgefühl haben! Sind sie so von ihrem rhetorischen Talent überzeugt, dass sie nicht gewillt sind, sich kürzer zu fassen? Oder – und das glaube ich eher – sind sie nicht fähig, eine einstudierte Rede spontan zu kürzen, wenn es die Situation erfordert?

Der Bürgermeister (doppelter Akademiker) redete ausführlich. Über die Geschichte des Heimatmuseums, was es früher war, wie und warum es umgebaut wurde, über die Schwierigkeiten, Heizung einzubauen, das Dach zu sanieren. Er erwähnte die Sponsoren, die Exponate zur Verfügung stellten, die Eisenbahnfans, das Kloster, das ein Barockbild als Leihgabe spendete, die Kunsthistoriker, die sich über den Maler des Kunstwerks fachmännisch äußerte.

Während er redete und redete, die Gäste versuchten, sich irgendwo anzulehnen oder aufzustützen und dabei immer röter im Gesicht wurden, überlegte ich in meinem Eckerl, was und wieviel bzw. wie wenig ich lesen würde. Was ich ursprünglich geplant hatte, verwarf ich. Alles zu lang, zu intellektuell, den armen Transpirierenden nicht zuzumuten. Endlich war der Herr Bürgermeister mit seiner Aufzählung der Schönheiten des neuen Museums zu Ende.

Die evangelische Pfarrerin, in ihrem schwarzen Talar hübsch warm gekleidet, hatte mit roten Wangen artig ge-

lauscht. Inzwischen war auch der katholische Pfarrer einge-
troffen, als solcher vorerst nicht erkennbar, weil in einen
bäuerlichen Janker gekleidet. Nun aber schritt man zum
nächsten Programmpunkt „ökumenische Segnung“. Die
Frau Pastorin sah endlich ihre Stunde gekommen und begann am Rednerpult humorvoll, deklarierte sich als vom
hohen Norden kommend, was unschwer zu hören war, und
fühlte sich, so sagte sie, in dieser ihrer neuen Heimat sehr
wohl. Was hätte sie sonst sagen sollen? Artige, wohlvorbe-
reitete Worte flossen ihr von den Lippen. Dann räumte sie
den Platz am Pult dem katholischen Kollegen. Der hatte inzwischen eine klerikale, bunt bestickte Stola über den Stei-
rerjanker gelegt. Auch er stammte, der Aussprache nach,
nicht aus österreichischen Gauen. Ein stattlicher Mann, weißhaarig und, infolge der Raumtemperatur, sehr rotgesichtig.
Allerdings dachte auch er nicht, von seiner vorbereiteten
Rede abzuweichen und sich kürzer zu fassen. Er zauberte
aus einem mitgebrachten Plastiksackerl nach und nach al-
lerlei skurrile Gegenstände, die er von seinen Gläubigen geschenkt bekommen hatte, baute sie mit munteren Worten
auf dem Rand des Pultes auf. Ob er sie dem Museum schen-
ken oder nur einfach loswerden wollte, wurde mir nicht
recht klar. Ich muss allerdings gestehen, dass mir längst die
Konzentration fehlte, seinen launigen Ausführungen zu folgen. Ich wartete immer noch auf die Segnung.

Endlich kam sie. Er brachte aus seinem Plastiksackerl eine
kleine, stabartige Vorrichtung, um damit die wohl eher
symbolische Weihe des Hauses (sprühen nach allen Rich-
tungen) zu vollziehen. Mit Wehmut dachte ich an die Zeiten
meiner Jugend, als derlei mit einer Art Klobesen, in Weih-
wasser getaucht, recht kräftig erledigt wurde.

Als dies überstanden war, folgte noch die Klavierdarbie-
tung eines Musikschulkindes. Details über Geschlecht oder

Alter konnte ich von meinem Platz, und auch später vom Rednerpult aus, nicht sehen. Für mich, die ich, wann immer ich mit Musikanten auftrete, gewöhnt bin, den jeweiligen Einsatz mit Handzeichen oder entsprechendem Zunicken anzudeuten, stellte sich die geplante Festfolge als äußerst schwierig heraus, weil ich nicht feststellen konnte, wann das Musikstück zu Ende war und mein Vortrag beginnen konnte. Das erste Mal konnte ich ja noch launig fragen: „Bin ich jetzt dran?", was die Gäste mit freundlichem Lachen quittierten. Aber sowas könnte ich mir nur einmal gestatten, soviel war klar. Die Kommunikation musste unter solchen Umständen leiden.

Nach der feierlichen Einsegnung des Lokals hatte ich mich entschlossen, etwas eher Getragenes am Anfang zu lesen. Das Mikro funktionierte, obwohl ich freilich nicht so nahe heranging, wie sich der Tontechniker wünschte. Die Menschen blickten freudig und gespannt, offensichtlich froh, dass jetzt endlich, nach dem endlosen offiziellen Teil, etwas zum Lachen kam. „Kleiner Hymnus an die Freude" war zwar nicht zum Schenkelklopfen lustig, aber nach dem Vorherigen heiter genug. „Im eignen Vaterland" mit der Pointe, dass der Wiener auch ein Mensch sei, wurde kräftig belacht. Als Belohnung, obwohl nicht zum Thema passend, aber für Männlein und Weiblein gleichermaßen vergnüglich, las ich ihnen dann noch „Die Emanzipation" vor. Ende meines 1. Teils.

Ein (mir) unsichtbares Kind mühte sich wieder am Klavier ab. Ich hatte meine Brille abgelegt und las – die Beleuchtung war günstig – ohne dieselbe, was mir Gelegenheit gab, das Publikum zu beobachten. Ein Hitzekollaps bei dem einen oder anderen war durchaus zu befürchten. Noch sahen sie ganz munter drein. Der Altbürgermeister, eben erst von einer schweren Krankheit genesen, wie gesagt wurde, daher von eher blasser Gesichtsfarbe, stützte sich auf die Sessellehne der vor ihm sitzenden Dame (aha, die privilegierte Sitzende war vermutlich seine Gattin) und hielt sich tapfer. Noch.

Vorsichtshalber würde ich im nächsten Teil nur die 3 Gedichte über das Eisenbahnfahren, das ein Hochgenuss wäre, lesen und nicht, wie ursprünglich geplant, die philosophischen Gedanken über das Eisenbahnfahren und das menschliche Leben. Man soll die Leute nicht überfordern.

Die etwas ironischen Jubelverse über die Eisenbahn waren zwar, wie ich immer wieder beim Lesen feststellen muss, nicht besonders gut, in diesem Zusammenhang jedoch, umgeben von Vitrinen voll mit Eisenbahnversatzstücken schienen sie mir absolut passend. Dann folgte wieder eine, wie mir vorkam, überlange Pause. Ich bemühte mich, über mein Stehpult zu blicken und nach dem Grund zu forschen. Die Musikschule fädelte ihre Gitarrenkünstler in einer langen Reihe auf. Bis sie alle saßen, dauerte es. Die Vorbereitung und der Abmarsch dauerten länger als die Darbietung, wurden aber wohlwollend und geduldig vom Publikum aufgenommen.

Mir blieb nur mehr mein dritter Einstieg. Ich beschloss, mich so kurz zu fassen, dass die Sache um 19 Uhr beendet sein würde. Das „Alte Ehepaar auf der Heimreise" war komisch genug, außerdem kam die Bahn drin vor, Deutsch-Wagram wurde erwähnt und, wie günstig, „der Pfarrer, der war fesch" –, was einen Lacher einbrachte. Jetzt noch ein Gedicht mit einer guten Pointe. „Souvenir aus Griechenland", da konnte ich mich auf den Herrn Pfarrer beziehen, der in seiner Ansprache erklärt hatte, woher das Wort „Museum" stammte. Die Pointe kam erwartungsgemäß gut an, dass das mein Abschiedsgedicht sei, hatte ich angekündigt. Das Gitarrenensemble mühte sich nochmals, der Bürgermeister bedankte sich bei mir mit einem riesigen (und wirklich wunderschönen, sogar geschmackvollen) Blumenstrauß. Es war überstanden. Niemand war in Ohnmacht gefallen. Die reichlich vorhandenen Photographen schossen Gruppen-photos und verhießen wohlwollende Artikel in ihren Pro-vinzblättchen.

Die Tür ins Freie wurde geöffnet, die Hitzegeschädigten und Nikotinsüchtigen stürzten explosionsartig in die kühle Finsternis. Ein Teil der Honoratioren strömte in den Neben-raum, wo ein reichhaltiges Buffet wartete.

Mein Tisch wurde von kräftigen Burschen wieder herein-getragen. Eine junge Buchhändlerin erschien (wo hatte man die nur versteckt?) und baute einen Büchertisch mit meinen Werken auf. Niemand hatte das Publikum drauf aufmerk-sam gemacht, dass es einen Büchertisch geben würde. Kein Bürgermeister, kein sonstiger Würdenträger dachte auch nur entfernt daran, ein Buch zu erstehen. Plötzlich war der Raum beinahe menschenleer.

Nur die beiden Damen saßen immer noch nebeneinander am selben Fleck. Es war ein wenig wie die beiden alten Herrn in der Muppet-Show. Sie bewegten sich nicht vom Fleck, und auch sie nahmen den Büchertisch vor ihren Augen nicht zur Kenntnis. Ich plauderte mit der armen klei-nen dünnen Buchhändlerin und versuchte, sie zu trösten. Tapfer versicherte sie mir, es würde ihr nichts ausmachen. Zwei Bücher hatte sie verkauft. Die Dame vom Gemeinde-amt, meine Bezugsperson, blickte betreten.

Nach angemessener Frist suchte ich meine Jacke und damit das Weite. Der Blumenstrauß konnte sich sehen lassen. In Zug und U-Bahn trafen mich neidische Blicke.

In der Schnellbahn kam kein Schaffner. Durch das Schwarz-fahren habe ich mir immerhin 1.50 Euro erspart.

Busfahrplan

Ach ja, die Bundesbahn. Viel geliebt und viel gescholten. Von mir eigentlich eher geliebt, wie in vielen meiner Gedichte nachzulesen ist.

Da ich imstande bin, einen Fahrplan zu lesen, trachte ich stets danach, einen aktuellen zu besitzen.

Gegen Ende des Wonnemonats, der auch das Ende des Jahresfahrplans ankündete, wollte ich einen neuen erstehen. An einem Fahrkartenschalter, es dürfte auf dem Bahnhof Wien Mitte gewesen sein, tat ich mein Begehren kund. Nein, es sei noch keiner vorhanden, keiner käuflich zu erwerben, wurde mir beschieden. „Aber der ist doch schon nächste Woche in Kraft!" wagte ich einzuwenden. Die Dame bedauerte. „Wir haben aber noch keinen!"

Nach zwei Wochen versuchte ich nochmals mein Glück, diesmal am Franz-Josefs-Bahnhof. Und wurde fündig. Trug meinen neuen Fahrplan im Triumph nach Hause.

Doch der Mensch lebt nicht nur vom Bahnfahrplan allein. Ein Mensch ohne Auto braucht auch, um halbwegs mobil zu sein, einen Autobusfahrplan, Kursbuch heißt es korrekt. Ist das eigentlich ein österreichisches Wort? Es klingt mir im Ohr so zackig, so preußisch! Sei's drum.

Wo mag so ein Kursbuch für Bundesbus – schönes neues Wort – am ehesten zu bekommen sein? fragte ich mich beklommen. Am Autobusbahnhof natürlich, Wien Mitte. (Den gab es damals noch.) Ich begab mich also hin. Der Mann am Schalter hatte ihn nicht. Auskunft hätte er mir schon geben können, für einen bestimmten Tag, eine bestimmte Stunde zu einem bestimmten Ort. Das wäre im Computer festzustellen. Aber so allgemein, und noch dazu kaufen – nein!

Ich sagte wieder mein Sprücherl auf, dass es doch schon den Sommerfahrplan gäbe, und der müsste doch ... Schon, belehrte er mich: der würde aber in Mödling gedruckt, Auftrag des Bundesbus sozusagen. Und diese Lieferung wäre eben noch nicht eingelangt.

Einige Wochen später, der neue Fahrplan war längst im Gange, befand ich mich zufällig in der Nähe des Südbahnhofs. In einem Anfall von Verwegenheit machte ich an einem Fahrkartenschalter einen erneuten Versuch, einen Busfahrplan zu erstehen. Der junge Mann hatte freilich keinen, besser gesagt, er hatte einen gehabt, nun aber sei er ausverkauft. Der Fahrplan. Außerdem müsste ich ihm schon genauer sagen, welches der 17 oder 18 Heftchen, alle Niederösterreich betreffend, ich denn wolle.

Über den Inhalt könne man mir bei der Informationsstelle Auskunft geben. „Wann gibt es wieder welche?" „Nächste Woche!" verhieß er mir.

Ich begab mich zum Informationsschalter. Verkaufen taten die freilich nicht, nur informieren. Und auch das nur mit einiger Mühe. Ich begehrte Thermenregion, südlich von Wien, Baden, Gumpoldskirchen oder so. Ich möge ihm einen bestimmten Ort nennen, worauf ich kurz entschlossen Gumpoldskirchen nannte. Er sah im Index eines Heftchens nach. 10 oder 11, meinte er, wäre wohl das richtige. Ganz sicher war er freilich nicht. Ich hätte wohl zu gern in dem Heftchen selber nachsehen wollen, aber aus der Hand gab er es nicht.

Also trollte ich mich, Ungewissheit im Herzen.

Und wieder einige Zeit später, als mich der Zufall zum Südbahnhof führte, wagte ich noch einen Vorstoß zur Kassa und äußerte vorsichtig den Wunsch, ein Buskursbuch zu kaufen. Er hätte keines mehr. Und dann setzte er hinzu, er hätte überhaupt nur eines bekommen, und außerdem gebe es 17 oder 18 für Niederösterreich. Das wusste ich ja bereits und war daher gewappnet. „Der Kollege neulich hat gesagt, es käme eine neue Lieferung am Montag!" sagte ich kühn. Er wurde unsicher. Welches Heft ich denn überhaupt wolle. „Nummer 10!" (Hoffentlich stimmte das!) Der Beamte verschwand, nicht gerade freundlich und leise ächzend, im Hintergrund, nach nebenan.

Und, siehe da, Wunder über Wunder, er hielt das Heftchen Nummer 10 in der Hand und war auch noch bereit und willens, es mir gegen Erlag von ATS 15 (1.09 Euro) durch sein Schalter-Fensterchen zu übergeben.

Ein Glücksgefühl, mit nichts zu vergleichen, durchströmte mich. Südlicher Wienerwald, Alpenvorland, Oststeiermark – Herz, was begehrst du noch mehr!

Ja, die Bundesbahn. Ausdauer und Durchhaltevermögen braucht man halt. Aber sonst ist sie, wie es heute heißt, Spitze!

Im falschen Zug

Mein Verhältnis zur Bundesbahn ist seit langem ausgezeichnet. Davon zeugen eine Anzahl Gedichte – Loblied auf die Bundesbahn, Gedanken vorm Franz-Josefs-Bahnhof, Gedanken beim Eisenbahnfahren und ähnliches. Ich fahre gerne mit dem Zug, besonders, seit ich das Autofahren aufgegeben habe. Die Bahn hat mich noch nie enttäuscht.

Ich, eine Meisterin im Fahrplanlesen, bin auch stets im Besitz der neuesten Kursbuch-Ausgabe. Auf telefonische Auskünfte verlasse ich mich nur ungern. In den letzten Jahren fällt mir das Fahrplanlesen allerdings schwerer als früher, sei es, dass meine Augen schlechter werden, sei es, dass der Druck aus Einsparungsgründen immer kleiner wird. (Besonders die Fußnoten lassen sich nur unter Zuhilfenahme einer Lupe entziffern.)

Die Reise nach Spitz an der Donau zusammenzustellen, war allerdings ein Kinderspiel: 16.55 ab Franz-Josefs-Bahnhof, an Krems 18.11, ab Krems (Achtung! Knappe Umsteigezeit!) 18.14, an Spitz 18.43, wo mich Herr Dr. H. abholen würde, der Verantwortliche der Veranstaltung.

Ich war, wie immer, viel zu früh am Bahnhof. (Freitag Nachmittag ist ein starker Reisetermin für Lokalzüge, da fahren Schüler und Studenten nach Hause zu den heimatlichen Kochtöpfen.) Der Zug stand bereits da, Gleis 4, und ich bestieg ihn sofort. Früher waren außen an den Waggons Tafeln mit der Destination angebracht, da konnte man nochmals kontrollieren, ob man den richtigen Zug bestieg. Die gab es seit einiger Zeit nicht mehr, leider. Ich bezog einen Fensterplatz, zückte mein Taschenbuch und begann zu lesen. Bei der Abfahrt war der Waggon voll, lauter junge Leute. Seltsam, dass so viele nach Krems fuhren, wo doch Krems selbst eine Schulstadt war und das Auswärtslernen überflüssig machte.

Zwischen Klosterneuburg und St.Andrä-Wördern kam der Schaffner. Ihn wollte ich fragen, auf welchem Geleise in Krems der Anschlusszug nach Spitz zu finden sei – nur 5 Minuten Zeit, da hieß es gezielt rennen!

Bevor ich meine Frage noch formulieren konnte, fragte er: „Was machen Sie da?" „Ich fahr nach Krems!" „Da sind Sie falsch, wir fahren durch bis Eggenburg!" Eggenburg!! Das durfte nicht wahr sein. Ich, routinierte Bahnfahrerin, im falschen Zug! (Dass ich in den falschen Zug, nämlich auf Gleis 3 statt Gleis 4 eingestiegen war, Abfahrt 16.52, also 3 Minuten früher als der richtige, ließ sich erst später rekonstruieren.)

Mir stieg das Blut zu Kopf, ich stammelte blöd: „Was machen wir da? Ich muss nach Spitz!" Der Schaffner zuckte kurz mit den Achseln, eilte aber vorerst zu seiner Arbeit. Nach dem Kontrollieren der Fahrkarten den ganzen langen Zug hindurch würde er wiederkommen und mir beistehen, versprach er.

In der Zwischenzeit durchjagten die krausesten Gedanken mein armes Hirn. Die Lesung um 19.30 Uhr! Der Dr. H, der mich in Spitz abholen sollte! Wo befand sich, um Himmelswillen, Eggenburg im Verhältnis zu Spitz? Geographie war nie meine Stärke gewesen, das rächte sich jetzt. Wenn ich in

Eggenburg ein Taxi nehme, (vielleicht kann der Stationsvorstand eines besorgen?) könnte ich noch rechtzeitig nach Spitz kommen. Wenn ich nur wüsste, wie weit das ist! Wieviel Bargeld hab ich denn überhaupt mit? Etwa 1500 Schilling – das müsste reichen!

Die beiden Züge, der nach Krems, der nach Eggenburg, fahren eine gewisse Strecke gemeinsam, so viel war klar. Wo zweigen sie ab? In welcher Station trennen sie sich? Knotenpunkt Absdorf-Hippersdorf! Ja, das war's! In Absdorf-Hippersdorf, das erst kommen würde, müsste ich abspringen!

Eine unmögliche Idee. Ich, mit frisch operiertem neuen Hüftgelenk, mit Krückstock, mit schwerer Reisetasche – an Abspringen war nicht zu denken.

Der Schaffner tauchte wieder auf und hatte einen genialen Plan ausgetüftelt: ich könnte, müsste bis Eggenburg mitfahren (schöne alte Stadt, historisches Stadtbild, Krahuletz-Museum registrierte mein Unterbewusstsein) könnte dort den Gegenzug besteigen, bis Absdorf-Hippersdorf zurückfahren (also doch Absdorf-Hippersdorf!) und dort den Zug erwischen, der in Krems um 18.59 ankäme, der Anschlusszug wäre um 19.34 in Spitz. Großartig. Für die Lesung wären ein paar Minuten Verspätung zu tolerieren.

Nun müsste ich aber den armen Dr. H. verständigen, damit der nicht umsonst in Spitz wartet. Vielleicht in Eggenburg auf dem Bahnhof rasch telefonieren? Ein Retter ist zur Hand. Der junge Mann mir gegenüber bietet mir sein Handy an, und ich versuche, Dr. H. in seiner Kanzlei (er ist nämlich Rechtsanwalt) zu erreichen. Lasse bei einer Angestellten Nachricht, ich würde erst mit dem späteren Zug ankommen.

Geschafft. Ich grabe einen Zwanziger heraus, drücke ihn meinem Retter in die Hand, für die Spesen.

Kaum ist diese Transaktion abgeschlossen, erscheint der Schaffner, atemlos und strahlend. Wenn ich mich beeile, könnte ich in Absdorf-Hippersdorf aussteigen. Also doch! Der Zug hält! Meinetwegen? Oder überhaupt? Egal. Ich packe meine Reisetasche, den Stock mit dem Entenkopf, bedanke mich hastig reihum bei den jungen Leuten, die den Vorgängen interessiert und nachsichtig lächelnd gefolgt sind.

Der Zug hält außerhalb des Bahnhofs, ziemlich weit. Das Aussteigen ist riskant, besonders für ein lädiertes Bein. Hoch, sehr hoch! Der Schaffner, Freund und Helfer, hilft mit starkem Arm. Dann heißt es zurücklaufen bis zum Bahnhof. Eine zweite Reisende sprintet mit, auch sie im falschen Zug. Wir galoppieren über Schotter, Geleise, ich mit Tasche, Handtasche und Stock hoppelnd, erreichen den Bahnhof atemlos, schnaufend und, siehe da, da kommt auch schon der Zug aus Wien, der uns nach Krems führen soll.

Geschafft. Wir steigen ein, sinken erschöpft in die Polster. Der Schaffner verspricht, mir beim Umsteigen in Krems zu assistieren, wegen der knappen Umsteigezeit. Aber, Gott segne die Bundesbahn, besser gesagt, die Bundesbahner: Er schleust mich auf der anderen Seite des Zuges heraus, öffnet mir ein verbotenes Türl, lotst mich über die Geleise, dass ich nicht den mühsamen Weg durch die Unterführung nehmen muss. Zwei gleichaussehende Züge stehen bereit, wieder nicht beschriftet und für nicht Ortskundige sehr einladend zum Falscheinsteigen. Diesmal aber frage ich die Drinsitzenden, ob ich wirklich nach Spitz richtig wäre. Es wird bejaht, und wieder ist eine Hürde genommen. Freilich noch nicht die letzte.

Aufatmen. Jetzt nur mehr eine halbe Stunde, dann komme ich in Spitz an. Und wo wird der gute Dr. H. sein? Der wird sich für den späteren Zug fertigmachen. Auf dem Bahnhof von Spitz ersuche ich den Vorstand, dem Dr. H., den er zum Glück gut kennt, auszurichten, wenn er zu dem 19.30-Zug kommt, ich sei schon früher angekommen und zu Fuß unterwegs zum Wachauerhof, dem Ort der Veranstaltung.

Beflissen bietet er an, den Dr. H. telefonisch zu verständigen. Das ist nun schon der dritte Bundesbahner, der in meiner etwas verfahrenen Angelegenheit tätig wird.

Ich plane, Dankbarkeit im Herzen, während ich dem Wachauerhof zuwanke, der Bundesbahndirektion ein Brieferl zu schreiben und den diversen Beamten ein Lob zukommen zu lassen.

Genauer besehen sollte ich es vielleicht doch unterlassen. Denn vielleicht hat der Schaffner tatsächlich den Zugführer zu einem Aufenthalt in Absdorf-Hippersdorf veranlasst. Wenn das ruchbar wird, würde er vermutlich die größten Schwierigkeiten bekommen.

Denn dass ein Zug außerplanmäßig hält, ist seit mehr als 100 Jahren, seit dem Tod des Kronprinz Rudolf, nicht mehr vorgekommen. (Damals hat bekanntlich der Eilzug aus Triest in Baden gehalten, um den Obersthofmeister Prinz Hohenlohe aufzunehmen und zur Berichterstattung nach Wien zu bringen.)

Dass man meinetwegen in Absdorf-Hippersdorf gehalten hat, sollte also besser geheimgehalten werden.

In der Gegend der Genetive

Vom Lagerhaus gegenüber dem Bahnhof tönen sanfte Arbeitsgeräusche, freilich, es ist ja ein Wochentag. Das Zeichen der Raiffeisenkassa, die zwei Pferdeköpfe, leuchtet in der Sonne.

Es ist heiß in Groß Gerungs. Nicht ganz so heiß wie in Wien, aber für das rauhe Waldviertel heiß genug. Der Bahnhofsvorstand, in Teiluniform – Hose, Hemd, keine Jacke, keine Kappe – gießt mit einem langen Schlauch die Blumen und Sträucher im ärarischen Gärtlein. Dann, zehn Minuten vor Abfahrt des Zuges, geht er ins Haus, setzt das Amtskappel auf, begibt sich hinter den Schalter und verkauft mir eine Fahrkarte. Er ist sehr schmal und blond und für einen Vorstand eigentlich zu jung.

In der Zwischenzeit hat ein anderer die Gießarbeit übernommen. Ein paar Frauen unterhalten sich gedämpft. Sie sitzen auf einer Bank, und der gießende Mann, vielleicht ist das der Vorstand, der gerade dienstfrei ist, sagt zu den Frauen hinüber, das Leitungswasser sei direkt warm, das mache die Sonne, die auf den Schlauch scheint. Eine Frau lässt sich von ihm ihre nackten Füße gießen. Ist im Preis inbegriffen. Die neue Bahn. Um Service bemüht.

Mein Blumenstrauß welkt in der Mittagshitze, die Pfingstrosen fallen ab und machen Mist auf dem sonst so sauberen Bahnhof.

Es ist angenehm und friedlich.

Diese Fichte hat er geschenkt bekommen, erzählt der Gießer. Also doch der Stationsvorstand. Jetzt ist sie schon groß und sehr schön und ebenmäßig gewachsen, zwanzig Jahre alt, sagt er, und er gibt ihr immer eine Extraportion Wasser, weil sie so brav ist.

Es geht mir gut.

Das Mittagessen war angenehm, die Gesellschaft freundlich, die Großstadt mit ihren Problemen ist weit weg. Und gleich fahre ich mit der Schmalspurbahn von Groß Gerungs nach Gmünd, was ich mir schon lange gewünscht habe.

Heute fährt ein Triebwagen. An besonderen Tagen gibt es auch, so höre ich, nostalgischen Dampfbetrieb. Aber heute ist ein normaler Tag, also Dieselantrieb.

Die Schienen sind nicht viel breiter als die der Liliputbahn im Prater. Das Ganze schaut überhaupt nicht nach ernsthafter Bundesbahn aus. Der Lokführer ist nicht in Uniform, sondern trägt ein buntes Leiberl über seiner Leibesfülle. Zwei kleine Buben, sind es seine eigenen? fahren im Führerhaus mit, es geht recht privat zu.

Das Heu duftet zum Fenster herein und übertönt den Dieselgeruch. In Langschlag wartet der Zug – es ist ja kein richtiger Zug, nur ein einziger Waggon, aber der ist innen adrett geteilt in Raucher- und Nichtraucherabteil. Er wartet auf eine alte, weißhaarige Frau, die in aller Ruhe beim Bahnhofsvorstand eine Karte löst. Sie hastet nicht, sie läuft nicht. Sie weiß, es wird auf sie gewartet. Hier kennt jeder jeden.

Das Heu riecht betörend, erotisch.

Eine gesegnete Gegend, gut fürs Auge, für die Nase, fürs Gemüt.

Dieses Züglein fährt immer nur zwischen Gmünd und Groß Gerungs hin und her. Aus Gmünd kommend sind ihm in Groß Gerungs etliche Tschechen entstiegen. Die Gegend ist nicht mehr durch den Eisernen Vorhang beengt, lockt zum Wandern hüben und drüben und ist von atemberaubender Schönheit. Viel Wald – schöner als am Semmering. Etliche Tunnels durchfahren wir, und sie haben auch Namen. Nur so lang sind sie nicht wie die des Herrn von Ghega.

Hier möchte ich Schwammerln suchen oder Himbeeren brocken. Es riecht nach Kinderzeit.

Riesensteine. Steinriesen. Waldviertler Granit.

Eine Zeitlang Landschaft ohne Mensch und Tier. Landschaft pur. Dann drei schlanke, zarte, behende Rehlein am Waldrand. Wie im Fremdenverkehrsprospekt.

Man betreibt ungeniert Konversation mit dem Lokführer während der Fahrt. Gelegentlich gibt er Hupsignale von sich, aufpassen tut er also schon.

Auf dem Feld eine alte Frau, ein kleines Kind. Das Kind winkt uns, den Vorbeifahrenden. Uralte Geste, in allen Ländern gleich. Zeichen des Fernwehs? Die Landschaft wird lieblicher. Erdäpfelfelder, Hafer, Gerste, blühender Holler. O, die Kinderferien und die unstillbare Sehnsucht danach.

In Weitra steht ein anderes Züglein auf dem zweiten Gleis. Ein Züglein wie aus dem Bilderbuch: grüner Waggon für Personen, Waggon fürs Gepäck, Triebwagen.

Wir fahren an Teichen vorbei, ein Betonwerk gleich daneben. Das Wasser im Teich sieht verdächtig aus, lädt nicht zum Baden ein. Die Stationshäuschen sind winzig und haben winzige Gärtchen drum herum.

Das ist die Gegend der Genetive, uralte Ortsnamen: Hörmanns, Dietmanns, Berchtolds (geschrieben Perchtolz), Groß Gerungs, Groß Heinrichs, Ulrichs.

Die Leute im Zug unterhalten sich angeregt und laut, zu laut für meine friedvolle Stimmung. „I sag dir, des is a Schweinerei!" tönt es böse und aufgebracht. Eine Frau, unten sehr breit, lugt neugierig ins Raucherabteil, woher der Lärm kommt, sogar der Fahrer dreht sich nach der keifenden Stimme um. Keine weitere Reaktion.

Die schönsten Häuser in den kleinen Orten gehören den Ärzten. Sie haben auch die schönsten Frauen und die bestgekleideten Kinder. Arzt auf dem Land, das ist schon was! Warum bleiben so viele in der Großstadt hängen und steigen einander dort auf die Zehen!

In Ehrendorf steigt der Lokführer aus und erledigt von dem Kistchen aus, das mit einem großen F gekennzeichnet ist, ein Telefonat. Dann fahren wir weiter.

Industrie kommt in Sicht. Gmünd ist nahe.

Und dann sind wir auch schon angelangt. Man verabschiedet sich beim Lokführer. Das gehört sich so.

Geburtstage

In meiner Familie war großes Geburtstagfeiern nicht üblich. Eine von der Mutter gebackene Torte, eventuell mit der passenden Anzahl Kerzen darauf, vielleicht noch ein Buch – das war's.

Erst als sich mit dem Bücherschreiben eine gewisse Bekanntheit einstellte, und mein Verlag meinte, eine originelle Feier zu meinem runden Geburtstag (dem sechzigsten) würde sich im Sinne von Public Relations günstig auswirken, wurde das Feiern zum Thema.

Es wurde tatsächlich ein gelungener „Event" (das Wort war allerdings damals noch nicht erfunden): Eine Oldtimer-Straßenbahn führte mich und eine erlesene Schar von geladenen Gästen vom Schottentor zum Elterleinplatz in Hernals. Beim Schrammelbrunnen stieg ein Schrammelquartett zu und spielte auf der Fahrt bis Ottakring auf. Dort war Endstation, die Gesellschaft begab sich zur berühmten „10er Marie", wo dann erst richtig gefeiert wurde, mit Riesentorte, 60 Kerzen, die ich ausblasen musste und – wichtig – vielen Photographen.

Im Lauf der Jahre folgten runde und halbrunde Geburtstage, für die der Zsolnay Verlag fröhliche Feste ausrichtete, meist beim Heurigen. Ich wurde gefeiert im Kreis von mehr oder weniger prominenten Gästen. Einmal kam sogar der hochgeschätzte Bürgermeister Dr. Zilk, hielt aus dem Stegreif eine launige Rede und überreichte mir den Goldenen Rathausmann, ein anderes Mal sang die beliebte Brigitte Neumeister mir zu Ehren ein paar von mir getextete Lieder während etliche Schauspielerkollegen mir (und ihr) zujubelten.

Aber wie das so ist mit derlei Festen: für das Geburtstagskind ist es eine anstrengende Angelegenheit. Man kommt nicht dazu, etwas zu trinken, von essen kann keine Rede sein. Man muss nur lächeln, beglückt lächeln, Glückwünsche entgegennehmen, Hände schütteln, sich umarmen und Küsschen über sich ergehen lassen, von Tisch zu Tisch wandern und dafür sorgen, dass sich jeder Gast wohlfühlt. Das Vergnügen hält sich in Grenzen.

Als mein 80. Geburtstag nahte und auch meinem Verlag die originellen Ideen zum Feiern ausgegangen waren, beschränkten wir uns im gegenseitigen Einverständnis auf ein Mittagessen in den Verlagsräumen, ganz ohne Gäste aber mit einem köstlichen Kalbsgulasch bei freundlichen Gesprächen.

Damit wäre mein Bedarf an Geburtstagsfeiern auf Lebenszeit gedeckt, dachte ich.

Leider war das Datum meiner Geburt im Lauf der Zeit allgemein bekannt geworden und nicht zu verheimlichen.

Und so geschah es, dass Rudi Malat, Professor gar, mir durch Jahrzehnte freundschaftlich verbunden und genau 10 Jahre jünger als ich, aber zum Unterschied von mir ein Freund üppiger Feste, dass dieser seinen 80. Geburtstag durch eine Galavorstellung barocken Ausmaßes feiern wollte. Das wäre nicht weiter schlimm gewesen, ich kannte ihn und seinen Hang zu solchen Veranstaltungen. Dass er aber diesmal auf die Einladung zu seinem Geburtstagsfest auch den Hinweis auf meinen bevorstehenden 90sten drucken ließ, war mir gar nicht recht. Einspruch zu erheben war kaum mehr möglich. Ich musste also in den sauren Apfel beißen. Bei der Fülle des Programms war ich kaum als Mitwirkende vorgesehen. Vermutlich würde ich nur als Ehrengast auf einem Ehrenplatz sitzen, freundlich dreinschauen und mich beglückwünschen lassen müssen. Ein schrecklicher Gedanke.

Blieb also nur das Problem: Was ziehe ich an? Etwas Seriöses, aber etwas, das leicht auszuziehen wäre. (Ein plötzlicher Warmwettereinbruch machte diese Entscheidung nicht leicht.) Und vorsichtshalber ein paar Autogrammkarten, und einige Gedichte über Geburtstage und Älterwerden, sollte man mir doch derlei abverlangen.

Im Haus der Begegnung, am Laaerberg, Beginn 15 Uhr sollte die Gala stattfinden. Sonntag nachmittags, da würde kaum Verkehr sein, 30 Minuten Fahrzeit würde reichen für das Taxi, zu früh wollte ich absolut nicht kommen.

Wir fuhren also los, der Taxler fütterte sein Gerät mit der Adresse, wie auf der Einladung angegeben, und wir fuhren los. Wie angenommen durch das beinahe menschenleere Wien. Bis zum sogenannten „Verteilerkreis" – und steckten plötzlich fest, in einem Stau. Eine halbe Stunde in einem Taxi im Stau zu stecken und zu wissen, einen Termin zu versäumen, kann für einen pünktlichen Menschen schon schweißtreibend sein.

Wir, der Taxler und ich, unterhielten uns (er mit leichtem Migrationsakzent) über Gott und die Welt, vor allem aber rätselten wir, woher an einem Sonntag Nachmittag, aus heiterem Himmel, ein solcher Stau herkäme. Erst als sich der

Knäuel aufgelöst hatte, wurde es klar: ein Fußballmatch! Und alle Sportsfreunde fuhren zu dem Event im eigenen Wagen!

Wir aber setzten unseren Weg zur vorgeschriebenen Adresse fort, zwar reichlich verspätet, aber nicht mehr durch Verkehr behindert.

„Haus der Begegnung", hieß es auf der Einladung, „Ada-Christen-Gasse 2 B". Unser GPS (oder Navi oder wie das Ding heißt) führte uns auch getreulich hin, Nummer 2 war einer von vielen mächtigen Gemeindebauten. Kein Haus der Begegnung festzustellen. Wir, unser Taxi, rollten die Gasse auf und ab, der Chauffeur fragte die seltenen Spaziergänger, an denen wir vorbeikamen. Vergebens. Nur verständnislose Blicke.

Endlich trafen wir auf eine alte Frau, die ortskundig und der deutschen Sprache halbwegs mächtig war, sie wies uns um den Gemeindebau herum auf die andere Seite, die Favoritenstraße. Dort wäre der Eingang. Freilich nicht mit dem Auto, sondern nur zu Fuß erreichbar. Was blieb mir übrig als den Taxler zu entlohnen – mit einer beträchtlichen Summe, dank Stau und Herumirren – und mich zu Fuß, mit Krücke, auf den Weg zu machen und den verheißenen Eingang zu suchen. Unterwegs traf ich auf ein mühselig humpelndes Ehepaar, die ebenfalls umherirrten.

Eine mitleidige Hausbewohnerin wies uns ins Haus und machte sich erbötig, einen Aufzug aufzusperren, der uns in das Stockwerk, wo sich der Veranstaltungssaal befand, brachte.

Inzwischen – die Veranstaltung hatte vor einer guten halben Stunde begonnen – war meine Stimmung auf dem Tiefpunkt angelangt. Ich war wütend.

Man geleitete mich leise in den Saal, wo zwei Sängerinnen schon emsig tätig waren, fröhliche Wienerlieder zu singen. Einen Platz in der ersten Reihe hatte man für mich freigehalten. Am Klavier erspähte ich meinen alten Freund Prof. Großmann. Das Programm nahm seinen Lauf wobei ich dem Kunstgenuss nur etwas zerstreut folgen konnte. Zu sehr war ich damit beschäftigt, meinen Groll abflauen zu lassen und die Contenance wieder zu gewinnen. Schließlich würde ich ja demnächst auf die Bühne müssen. Also tief atmen.

Inzwischen war Ildikó Raimondi dran, sang wie es einer Kammersängerin geziemt und sah bezaubernd aus, danach erklomm ihr Mann, der Prof. Zeman, die Bühne und gab heitere Gschichterln zum besten, Roda Roda und dgl., ein bissel zu lang in Anbetracht des üppigen Programms. (Aber der Herr Prof. Malat kann ja nie genug kriegen.) Eine Pause wird es auch geben, draußen warten schon Sekt und Brötchen, hab ich beim Hereinkommen gesehen. (Und Sekt muss sein, da sorgt schon Rudis Weib dafür.) Im zweiten Teil marschieren dann noch die Kaiserjäger auf – oder sind es die Deutschmeister? Und der Mundartdichter Herbert Pirker, und und. Die Uhr zeigt schon sechs; drei Stunden Programm sind bereits um. Im Saal ist es zum Ersticken. Lang halt ich das nicht mehr aus. Die zweite Neunzigjährige verlässt den Platz neben mir, besteigt das Podium, lässt sich feiern, trägt das von ihr verfasste Gedicht auf mich vor, steigt wieder zu mir herab, überreicht mir den selbstgehäkelten Nelkenstrauß und das bewusste Gedicht. Ich mime freudige Überraschung.

Endlich schlägt meine Stunde. Man bittet mich auf die Bühne, ich lehne meine Krücke in die Ecke, deponiere dort die Häkelblumen und erklimme sie, die Bühne, über eine Hühnerleiter. Begebe mich zum Tischerl samt Mikro, der Conférencier, der oftmals bewährte Gerhard Menhard, referiert ausführlich meinen Lebenslauf (aus „Zimmer, Kuchl, Kabinett") und dann darf ich endlich meine mitgebrachten Gedichte, die zum Anlass passen und höchstens 5 Minuten dauern, von mir geben. Applaus, mächtiger Blumenstrauß, Abmarsch über die Stiege bis zu meinem Ehrenplatz erste Reihe, neben der zweiten Jubilarin. Wohin mit dem Blumenstrauß? In die Ecke, wo schon meine Krücke und die Häkelnelken lehnen.

Pause. Das Volk strömt in den Vorraum. Ich bleibe sitzen und mache artig Konversation mit meinen Verehrerinnen. Erika Conrads, auch Birgit Sarata (die sagt immer „Frau Professor" zu mir, was ich so gar nicht leiden kann!) sind da und sind lieb zu mir. Während ich zu plaudern versuche, grüble ich insgeheim, wie ich die Flucht ergreifen kann. Ich muss wenigstens den Beginn des zweiten Teils abwarten, da soll Herbert Pirker drankommen. Den muss ich unbedingt abwarten, das wäre doch ein Affront, wenn ich vor seiner Darbietung wegginge.

Der zweite Teil beginnt, Pirker ist wie erwartet ausgezeichnet. Aber jetzt! Mit meinem Sitznachbarn, der auch Fluchtgedanken hegt, schleichen wir zum Seitenausgang. Die Flucht wird freilich erschwert, weil ich noch Krücke und Blumen an mich raffen muss. Dann sind wir draußen.

Ein zufällig vorbeikommender freundlicher Mensch schließt für uns einen Aufzug auf und geleitet uns ins Freie. Der Fluchtkollege verzieht sich, ich stehe mit Krückstock und Blumenstrauß mitten in der Steinwüste der Gemeindebauten und überlege, wie ich zu einem Taxi komme. Mein unbekannter Kavalier bietet sich an, mit seinem Handy eines herbeizurufen. Zu diesem Zweck entfernt er sich Richtung Straße. Ich stehe und warte. Die Sonne brennt herab, keine Sitzgelegenheit weit und breit. Kein Taxi zu sehen, nur der Helfer, der sich offenbar noch immer um ein Taxi bemüht. Endlich, nach einer gefühlten Ewigkeit, lotst er mir eines in den Hof, drei Taxirufnummern hätte er versucht, ohne Erfolg. Na ja, Fußballmatch war zu Ende ... Ich bedanke mich überschwänglich, verspreche, ihn ins Abendgebet einzuschließen.

Die Heimfahrt gestaltet sich problemlos. Die letzte Hürde – meine drei Stockwerke – meistere ich (Blumenstrauß, Krückstock in Händen) und erreiche mein Heim erschöpft, aber glücklich.

Dabei war das erst der Vorgeschmack auf meinen Geburtstag. Der findet bekanntlich im Juni statt. Schöne Aussichten.

Anleitung zum Flirten

Eine Tageszeitung brachte in ihrer Wochenendbeilage einen amüsanten Beitrag zum Thema Flirten, der den Autoren besonders im Frühling höchst aktuell schien. Es ging um angebliche Tests, wo und wie das Anbandeln am erfolgreichsten vonstatten gehen sollte.

Obwohl ich über das Alter des Kontaktsuchens längst hinaus bin, habe ich den Artikel amüsiert gelesen. (Angeblich ist man über die Sehnsucht nach Liebe und Zweisamkeit nie zu alt.)

Kurze Zeit darauf verschlug es mich ins Theater, in ein kleines, intimes. Junge Leute spielten Schnitzlers Reigen. Das Stück, das bekanntlich seinerzeit die Gemüter heftig erregt hatte. Damit war diesmal nicht zu rechnen. Eher war man im Publikum gespannt, wie dieses Stück heutzutage umgesetzt werden würde

Neben mir saß, ganz im Eck, ein älterer Herr. Außer uns beiden war die Reihe leer. Wir kamen ganz zwanglos ins Gespräch. Über Schnitzler, das Theater, Regisseure in Burg und Oper, über die Salzburger Festspiele, über den Skandal der seltsamen „Fledermaus"- Aufführung. Er müsse sich erkundigen, sagte der Herr, was es denn mit dem angekündigten Prozess der enttäuschten Besucher auf sich habe. Bei den Kollegen in Salzburg. Er sei nämlich Rechtsanwalt.

Aha. Der Zeitungsartikel fiel mir ein. Wo und wie man am erfolgreichsten Kontakte knüpfen könne. Das Theater als möglicher Ort war nicht erwähnt.

Zu Unrecht. Ein kleines, intimes Theater, zwei Menschen zufällig nebeneinander sitzend, ein hocherotisches Stück – alles äußerst günstige Voraussetzungen zur Annäherung.

Die Vorstellung begann. Attraktive, junge, begabte Menschen spielten Schlüpfriges manchmal halbnackt, aber trotzdem dezent. Der Text knisterte von selbst.

Mein Sitznachbar begann schwer zu atmen. Es regte ihn auf, obwohl er kein Jüngling mehr war, wunderte ich mich. Die große Nähe – die Sitze waren sehr eng – wurde mir auf einmal unangenehm.

Nach der Pause, die ich im Foyer, mit Bekannten plaudernd verbracht hatte, zog ich es vor, in meiner, unserer Reihe einen anderen, noch unbesetzten Platz einzunehmen, so dass zwei Sitze zwischen uns frei blieben.

Der zweite Teil begann, wieder mit reichlich pikanten, erotischen Szenen, wie Schnitzler das eben vorschreibt. Wieder begann mein Sitznachbar schwer zu atmen. Es hörte sich beängstigend an.

Und diesmal war es mir klar: Er röchelte nicht vor Lust. Es war Bronchialasthma ...

Bussi-Bussi

Der Sommer ist nicht meine Zeit. Die Hitze – es stimmt ja nicht, wenn es heißt, im Sommer sind die Menschen schöner. Wer von der Sonnenbestrahlung hervorgerufene hochrote Gesichter, von Schweiß glänzende Körper schön findet, dem ist nicht zu helfen. Man sollte sich in kühle Innenräume zurückziehen, der Ästhetik halber.

Leider finden just während der Hundstage eine Menge Sommerpartys statt. In besseren Kreisen trifft man einander, festlich gewandet, strahlend vor Lebensfreude (für die Fernsehkameras), begrüßt einander, schüttelt schwitzige Hände und – das muss sein – umarmt und küsst einander auf die vor Schweiße glänzenden und offensichtlich klebrigen Wangen. Die Bussi-Bussi-Gesellschaft schreckt auch vor 30 Grad im Schatten vor nichts zurück.

Dem Ästheten vor dem Fernsehapparat graust es.

Und er fragt sich: Muss das sein?

Das war doch nicht immer so?

Und er fragt sich: Wann hat denn das angefangen? Das mit dem Bussi-Bussi?

In meiner Familie, in der ich aufgewachsen bin und eine durchaus glückliche Kindheit verbrachte, wurde wenig geküsst. „Gib der Tante ein Bussi!" hieß es gelegentlich, und das Kleinkind gab, so aufgefordert, der lieben Tante ein schnelles Küsschen auf die Wange. Auf die Wange war die äußerste Zärtlichkeit, die auch bei Papa, Mama und mir üblich war. Auf den Mund – nie! Warum eigentlich? Vermutlich, weil meine Mutter aus einer bitterarmen, kinderreichen Familie stammte, in der die Tuberkulose die meisten Geschwister dahinraffte und das Küssen aus hygienischen Gründen verboten war.

Ich kann mich nicht erinnern, später, in der Mittelschule, mit meinen besten Freundinnen jemals Zärtlichkeiten ausgetauscht zu haben. Bis ins hohe Alter nicht. Ein Händedruck war das Äußerste zwischen uns, während überall bereits heftig gesellschaftlich geküsst wurde.

Aber heute, tagtäglich, ich sehe sie ja, die Buben und Mädchen, ich wohne gleich um die Ecke, wenn sie nach Schulschluss aus dem Schulhaus purzeln, fröhlich scherzend, und sich dann mit Küsschen an der Ecke verabschieden. Nur die ganz Kleinen noch nicht. In der Oberstufe geht's los, die Küsserei: Mädchen mit Mädchen, und auch Buben mit Buben.

Sogar unter den Erwachsenen, sogar zwischen Politikern wird geküsst, es ist täglich im Fernsehen zu beobachten. Aber seit wann?

Ich kann mich nicht erinnern, dass Politiker wie Raab und Figl einander abgebusselt haben, nicht einmal an Umarmungen kann ich mich erinnern.

Also: Wer hat angefangen? Wer hat's erfunden?

Aus dem Osten kommt es, aus dem Orient. Aber auch aus Russland – köstlich, wenn die feisten Genossen Bruderküsse austauschen. Dreimal, wenn ich richtig beobachtet habe.

Ich frage mich: Warum müssen wir das nachmachen? Sogar Frau Merkel umarmt ihren französischen EU-Partner!

Küsst sie auch unsere österreichischen Politiker? Wer stellt die Regeln auf, ab welchem Rang darf, ja muss umarmt werden? Wie ist es im deutschen Bundesrat?

Im österreichichen Parlament? In der Diplomatie gibt es bestimmt genaue Benimmregeln.Wie leicht kann da küssen oder nicht küssen als Affront aufgefasst werden!

Natürlich, in der besseren Gesellschaft – was wird da geküsst, fernsehwirksam, seitenblicketauglich! Als normaler Mensch, der im Lauf eines langen Lebens in solche Kreise gerät, tut man sich's recht schwer. Verweigert man das Geküsstwerden, kommt das einer Beleidigung gleich. Mir gelingt es meistens, eine Erkältung vorzutäuschen. Ein wirksamer Trick, besonders in Künstlerkreisen, wo panische Angst um die Stimme herrscht.

Die kleinen Kinder mögen das Bussigeben nicht.

Ich erinnere mich an meinen Enkel, der, wenn man ihn auf dem Arm hatte, plötzlich ganz steif wurde und verlangte „Boden ab!" Und etwas später erklärte: „Ich bin kein Küsserich!"

Allerdings dürfte sich diese Einstellung im reiferen Alter geändert haben. Neulich traf ich ihn, den Erwachsenen und Akademiker, als er sich von einem Freund mit größter Selbstverständlichkeit mit Kuss und Umarmung verabschiedete …

Ein schönes Alter

Achtzig ist kein schönes Alter. Freilich: Es *ist* ein schönes Alter, wenn man von einem Dahingegangenen spricht, gleichsam als Trost, dass er, der Verblichene, doch ein beträchtliches, überdurchschnittliches, eben ein „schönes" Alter erreicht hat. Aber für einen Menschen, der den Achtziger vor sich hat, sich gesund und munter, durchaus leistungsfähig und leistungswillig fühlt, für den ist achtzig kein schönes Alter.

Die Lebensjahre, die man erleben durfte, mit allen Höhen und Tiefen, können durchaus als „schön" angesehen werden. Aber das Wort „achtzig" kommt so ächzend daher, es signalisiert „greisenhaft", „gebrechlich". Dass die dazugehörige Person nicht dazu passt, spielt keine Rolle, auch wenn sie häufig als „rüstig" bezeichnet wird.

Es ist das Wort, das dem Jubilar zu schaffen macht, das fatale (im wahrsten Sinne) Wort „achtzig".

Was tun?

Man hält, vorderhand noch im Stillen und für sich, Ausschau nach Menschen, die jene ominöse Hürde bereits erfolgreich überwunden haben. Da ist doch der wunderbar kluge Kirchenfürst, die Burgschauspielerin, die noch auf der Bühne steht, die weltberühmte Sängerin, die sogar noch eine Stimme hat wie ein Glöckerl, der Photograph, der unermüdlich die schönsten Photos macht, der Opernliebhaber, der regelmäßig sein Fernsehpublikum begeistert, der Mathematikprofessor, der noch mit hundert die gescheitesten Bücher publiziert – solche Beispiele sind tröstlich und nachahmenswert. Die Neunzigjährigen, die Hundertjährigen sind im Vormarsch.

Freunde, wir kommen! Tragen wir's mit Würde. Und mit Humor.

Buchpreis der Wiener Wirtschaft

26. Februar 2008
Großer Saal der Wirtschaftskammer Wien

Dankesrede

Sehr geehrte Frau Präsidentin, sehr geehrter Herr Laudator, sehr geehrte Damen und Herrn!

Für die lobenden Worte und den schönen Preis darf ich mich sehr herzlich bedanken.

Es ist mir nicht an der Wiege gesungen worden, dass ich eines Tages wegen meiner literarischen Verdienste durch die Wirtschaftskammer geehrt würde.

Verdienste um die Wirtschaft eher, nach fast 35 Jahren Bürotätigkeit in der Privatwirtschaft …

Zur Literatur bin ich nämlich erst recht spät, und das nur durch eine Kette von Zufällen gekommen. Bücher zu schreiben ist nie mein Wunsch oder gar Traum gewesen. Eines Tages ist es doch passiert. Ich war an die 50, als mein erstes Buch erschien – 1971, „Aus der Kuchlkredenz", danach folgte ein zweites, und plötzlich hatte ich einen Zweitberuf.

Man kann sich noch so unauffällig verhalten, eines Tages ereilen sie einen doch, die Ehrungen.

Ich zähle mich eher zu den Ordensmuffeln, mir sind vor allem die damit verbundenen Feste mühsam und peinlich. Dabei, das muss ich zugeben, gibt es recht skurrile Auszeichnungen!

Meinen ersten Orden bekam ich vom Verein der Körperbehinderten, ich wurde im Lauf der Jahre von Textautoren wegen langer Vereinsmitgliedschaft ausgezeichnet, eine Faschingsgilde machte mich zur „Marktrichterin h.c.", die altehrwürdige Schlaraffia zur „Burgfrau h.c.", ich bekam Ehrennadeln von Baden bis Purkersdorf, von Mariahilf bis Simmering, von den Malat-Schrammeln, ja, mein Namen wurde sogar in Marmor gehauen auf einer Tafel im Bundesseminar für das landwirtschaftliche Fortbildungswesen, inmitten von illustren Schriftstellernamen, zwischen Peter Marginter und Max Mell – alphabetisch geordnet.

Das Rathaus ließ sich natürlich auch nicht lumpen und verlieh mir das Silberne Ehrenzeichen der Stadt Wien, feierlich, im Festsaal, komplett mit kleinem Abzeichen für das Knopfloch und mit großem Stern auf dem Frack am Opernball zu tragen. Mit gewaltiger Urkunde, umrahmt mit Musik eines Streichquartetts.

Der Goldene Rathausmann wurde mir in vergnüglicherer Umgebung überreicht, vom damals noch Bürgermeister Dr. Zilk, mit launigen Worten beim Heurigen in Nussdorf.

Besonders gefreut hat mich, dass man mir den Nestroy-ring verliehen hat, weil ich seit Jugendtagen eine echte Beziehung zu Johann Nestroy habe und weil ich gehofft hatte, diesmal wenigstens etwas Tragbares zu bekommen. Allerdings: ungetrübt sollte diese Freude nicht sein: Der Ring ist wegen seines seltsamen Designs als Ring nicht verwendbar, nicht einmal als Schlagring.

Das Goldene Buch (so etwas wie eine Goldene Schallplatte) wurde mir von den Buchhändlern verliehen, weil sich mein Opus 1 „Aus der Kuchlkredenz" zu einem Longseller entwickelt hat.

Im niederösterreichischen Kamptal hat man einen Wanderweg nach mir benannt.

Etliche andere Auszeichnungen, die man mir angedroht hatte (etwa den Professorentitel) konnte ich noch rechtzeitig abwehren. Das alles ist sehr ehrenvoll – als praktisch denkender Mensch fragt man sich: Wohin mit den Trophäen, Orden und Urkunden? Sie im Kasten verstauben lassen? Oder gar eine Vitrine anschaffen?

Wer beschreibt mein Erstaunen, als mir die Ankündigung der Wirtschaftskammer ins Haus flatterte, man hätte mich für einen Preis ausersehen! Zum ersten Mal ging es nicht um die Ehre, sondern um BARES GELD! Da ist es mit dem Ablehnen natürlich schwer!

Es ist ja so eine Sache mit der Kunst und dem Geld. Nach einer Tabelle, die mir in die Hände fiel und das Einkommen der Freiberufler untersucht, liegt an der Spitze der Verdienenden der Facharzt, in der Mitte der Autohändler, und ganz ganz unten der Schriftsteller. Der fristet sozusagen ein kümmerliches Dasein. Sein Lohn sei nicht der schnöde Mammon, sondern die Beschäftigung mit der Kunst, die Inspiration, scheint die allgemeine Meinung zu sein, Glückes genug.

Mein erstes Buch war ein für einen Erstling schöner Erfolg. Dass ich damit sogar ein wenig Geld verdiente, erstaunte mich. Ich musste plötzlich Einkommensteuer zahlen. Tantiemen, Umsatzsteuer, Mehrwertsteuer – alles sehr verwirrend für eine schlichte Lohnempfängerin. Ein Steuerberater wurde zu Rate gezogen (und wollte natürlich bezahlt werden).

Eines Tages wurde eine Sozialversicherung für Künstler ins Leben gerufen. Die Künstler wurden in das Gewerbliche Sozialversicherungsgesetz einbezogen, sicher in bester Absicht. In meinem Fall hieß das allerdings, dass ich zu meiner bereits vorhandenen Krankenversicherung eine zweite, nämlich die gewerbliche, bezahlen muss. Eine kostspielige Angelegenheit, ohne Gegenleistung. Doppelt krank sein kann und will ich nicht. Die zweite Versicherung ist also quasi eine Strafgebühr.

Dass jemand in meinem Alter immer noch tätig ist, gehört bestraft. Ich bin sozusagen ein Dauerbrenner. Die Schriftstellerei zahlt sich, alles in allem, nicht aus. Wirtschaftlich gedacht.

Warum tut sie sich das an? werden manche fragen.

Nun zur positiven Seite: Meine Zweitkarriere startete mit beinahe 50, in einem Alter, das besonders für eine Frau kritisch ist: Kind aus dem Haus, Midlife Krise, Depressionsgefahr.

Mit dem Schreiben hat sich plötzlich ein neuer Lebensabschnitt ergeben, eine neue Aufgabe, neuer Bekanntenkreis, Kontakte mit Buchhändlern, Schauspielern, Musikern, Verlegern und, nicht zu vergessen, durch meine Lesungen Kontakt mit dem Publikum, eine wunderbare Sache, direkt ein Elixier.

Es vergeht kaum ein Tag, an dem mich nicht fremde Menschen unterwegs ansprechen und sich bedanken, weil ich ihnen mit meinen Büchern Freude mache. In meinem Alter noch wohlwollende Zuneigung zu erfahren ist wertvoller als der schönste Orden.

In den mehr als 30 Jahren bin ich mit meinem Friseur tatsächlich auf freundschaftlichem Fuß, „Franz" heißt er nur des Reimes wegen – die Schneiderin ist leider inzwischen verstorben, und, was den Installateur betrifft: mit dem mir heute verliehenen Preis kann ich mir nun auch einen Installateur leisten. Ich danke Ihnen!

Freundliche Erinnerungen

Peter Alexander

Ich zählte, das muss ich bekennen, nicht zu seinen Bewunderern, als sein Stern aufging. Die vielen Filme, in denen er mitwirkte, waren nicht nach meinem Geschmack, für Slapstick Humor hatte ich nie was übrig. Die Liedlein, die er mit angenehmer Stimme von sich gab, begeisterten mich nicht.

Mein erster Kontakt mit der Musikbranche war die zufällig zustande gekommene Textarbeit für die erste LP mit dem hoch geschätzten Kurt Sowinetz unter Leitung des großartigen Johannes Fehring.

Als der mich nach etlichen recht erfolgreichen Platten für Fritz Muliar, Elfriede Ott, Brigitte Neumeister, bei denen er mich zur Mitarbeit engagiert hatte, eines Tages anrief und eine Peter Alexander LP in Aussicht stellte und meine Texte hiezu anforderte, war ich ganz und gar nicht begeistert.

Fehring verstand es freilich bald, meine Bedenken zu vertreiben, und schon war ich emsig beschäftigt, für die geplante LP „Spezialitäten"-Texte zu verfassen. Nicht nur zu verfassen, sondern auch bekannte Nummern zu bearbeiten, so subtil, dass sie besser sangbar waren, aber man ihnen die Bearbeitung nicht anmerkte.

Es war eine Viechsarbeit. In meinem Archiv ist der Brief-wechsel zwischen Fehring und mir erhalten – meist aus der Ferne, wo die Fehrings urlaubten – mit seitenweise detail-lierten Wünschen und Anweisungen.

Die Nummern, zu denen ich den Originaltext beisteuerte, sind auch meine Lieblingsnummern, sie sind lustig und kommen seinem komischen Talent am ehesten entgegen. Kein Wunder, die hab ich ihm echt auf den Leib geschrieben!

Die „Tratschpolka" nach der „Tritsch-Tratsch-Polka" von Johann Strauß, war schon von der Musik her ein Erfolg, und die „Ahnenpolka" wurde von Toni Stricker komponiert, auch nicht schlecht.

Die Tonaufnahmen wurden in Wien gemacht, im Kon-zerthauskeller, im Austrophon-Studio. Da das Konzerthaus nicht weit von meiner Arbeitsstätte, der Pan American lag, gelang es mir gelegentlich, bei den Aufnahmen im Studio zu kiebitzen. Wieder eine neue Welt für mich. Es versteht sich von selbst, dass Frau Hilde dabei war und über ihrem Mann wachte. Mich hingegen faszinierte, mit welcher Dis-ziplin der große Peter Alexander zu den Aufnahmen er-schien, perfekt vorbereitet.

Auch für intensive Vorarbeit für eine große Tournee haben sie mich eingespannt – Peter Alexander mit Johannes Fehring und seiner Big Band. Da dürfte ein großer Teil aus Parodien bestanden haben, im Parodieren war er ja Meister.

Und als für die alljährliche große Fernsehshow der Text-autor ausfiel, kamen die Alexanders darauf, mich vorzu-schlagen. Meine erste Reaktion, so viel kann ich mich noch erinnern, war Zweifel, ob ich mir das zutrauen könnte. Aber Hilde und Peter versicherten mir, alle würden mir helfen.

Ein Ablehnen meinerseits schien unmöglich. Und schon war ich mittendrin. Wurde auf ZDF-Kosten nach Lugano geflogen, in einem schönen Hotel untergebracht, am nächsten Tag per Taxi nach Morcote gekarrt, wo in Peters Haus alles, was Rang und Namen und Funktion bei der Fernsehshow hatte, versammelt war zur ersten Besprechung. Für mich war es vorderhand äußerst interessant, beim Entstehen einer solch legendären Show zuzusehen. Alle waren sie versammelt, deren Namen ich nicht mehr weiß, allen voran Wolfgang Rademann, der als Produzent das große Wort führte, der Musikchef, die Ballettmeisterin, die Leute von der Ausstattung. Dazwischen wurde ausgezeichnet gegessen, der von Peter so geliebte Schweinsbraten, serviert von einem Butler mit weißen Handschuhen.

Und über dem Ganzen das wachsame Auge der Hausfrau, die allseits gefürchtete Hilde. (Ich fand sie von Anfang an bewundernswert, es ergab sich auch sofort ein guter Kontakt. Wir waren einander auf Anhieb sympathisch.)

Ich hatte bei diesen Vorbesprechungen kaum etwas mitzureden. Was man von mir wollte, würde sich erst später herausstellen.

Vorderhand versuchten die anwesenden Fachleute, ein Programm zu basteln. Bei dieser Bastelei hilfreich erwies sich, so staunte ich, das Abspielen von diversen amerikanischen Fernsehshows, aus denen man sich gelegentlich bediente. Manchmal setzte Peter sich ans Klavier und spielte Sinatra- oder Dean Martin-Songs, die er hinreißend singen konnte. Das konnte ihm so bald keiner nachmachen, fand ich. Aber für das deutsche Fernsehen käme so was nur in winzigen Portionen in Frage, fand Rademann.

Dieser Programmsitzung folgte nach einiger Zeit eine zweite, in München, im eleganten Hotel Bayrischer Hof (für eine Alexander-Show schien nur das Beste gut genug), und auch ich durfte dabei sein.

Nun war mir auch meine Aufgabe zugeteilt: am „Buch" zu arbeiten. Das konnte ich zu Hause tun, und wenn es Unklarheiten oder Änderungswünsche gab, wurde mir das telefonisch mitgeteilt, aus Morcote über Frau Hilde oder aus dem ZDF über Herrn Rademann. Der fand sich sogar einmal bei mir ein, um mir meine Idee eines Johann Strauß-Blocks für das gesamte Ensemble auszureden und mich von der Notwendigkeit eines Robert Stolz-Blocks zu überzeugen. Er brauchte nur Frau Einzi, die Witwe Stolz anzurufen, und innerhalb einer halben Stunde erschien ein Bote mit einschlägigem Material, Noten und Schallplatten vom „Meister". Die Johann Strauß-Idee war gestorben, ich musste mir einen Robert Stolz-Block einfallen lassen.

Dass es eine Ehre war, in einem solch prominenten Team mitzuarbeiten, war mir wohl bewusst. Eine besondere Freude bereitete mir das alles nicht, obwohl ich inzwischen genügend handwerkliche Fähigkeiten (Fehring sei Dank) erworben hatte, um zu erledigen, was man von mir verlangte. An die fertige Show kann ich mich kaum erinnern, Videoaufzeichnung hatte ich damals noch nicht.

In meinen Augen war Peter Alexander ein so hochbegabter Mensch, den ich lieber auf einem anderen Gebiet eingesetzt gesehen hätte, mit weniger Klamauk und Gefühlsdudelei. Aber die von ihm so geliebte Hilde, geschäftstüchtig wie sie war, ließ das nicht zu. Sie formte ihn zu einer Kunstfigur, wie ihn das Publikum liebte, lieb, lustig, mit sehr viel Gefühl, aber nicht ganz echt. Von diesem Weg abzuweichen, war ihm nicht mehr erlaubt. Da er, wie er selber zugab, ein bequemer Mensch war, ließ er sich das ganz gern gefallen. Alles wurde ihm abgenommen an Unannehmlichkeiten, wenn er nur der charmante Bub blieb. Man ließ ihm sein Hobby, das Fischen, seine Vorliebe für gutes Essen und Trinken, das förderte sogar seine Popularität. Er wurde zum Idol, zum gefeierten Star, finanziell höchst erfolgreich. Man neidete ihm nicht seine Villa am Luganer See, seine Villa am Wörthersee, seine Villa in Döbling. Die nicht ganz echten Töne, wenn er Gefühlvolles sang, gefielen dem Publikum ganz außerordentlich. Ein typischer Wiener halt. (Ein ähnliches Phänomen wie der beliebte Heinz Conrads, der auch weit mehr gekonnt hätte, als man ihm erlaubte.)

Ich habe ein paar Mal versucht, ihm ganz subtil ein paar Vorschläge zu machen, um ihn von der Kitschschiene wegzubringen. Natürlich vergebens.

Ein hübsches Weihnachtslied hätte ich ihm gern untergejubelt. Da hätte mich ein bissel Gefühl nicht einmal gestört. Denn ein Weihnachtslied, gesungen von Peter Alexander – das wär was gewesen!

Aber außer ein paar liebenswürdigen Briefen hin und her riss der Kontakt dann ab. Die Alexanders hatten andere Sorgen.

Erst im Jahre 2006 habe ich bei einer Theaterpremiere zufällig eine Dame kennen gelernt, die sich als Haushälterin des vereinsamten Peter Alexander vorstellte. Ich ließ ihn grüßen und schickte ihm im Juni, zu seinem 80. Geburtstag, mein Gedicht „Bald achtzig", in dem ich ihn im Club der Achtzigjährigen willkommen hieß. Mit ein paar persönlichen handschriftlichen Worten. Vielleicht hat er sich drüber gefreut. Reagiert hat er nicht.

Die Fernsehsendung, in der er, Peter Alexander, als einmalig und unerreicht bezeichnet wurde, hat er sicherlich noch gesehen und sich vermutlich drüber gefreut. Und ist freudig hinübergeschlafen.

Erich Auer

Wenn in den Zeitungen oder im Fernsehen vom Ableben eines Künstlers berichtet wird, denke ich – es ist wie ein Reflex – zuerst, wann ich ihn das letzte Mal gesehen habe. Erst danach versuche ich festzustellen, wie ich ihn eigentlich kennengelernt habe.

Bei Erich Auer ist es mir ähnlich ergangen. Zuletzt habe ich ihn im April 2003 gesehen, gleich dreimal in einem einzigen Monat! Am 11. in Purkersdorf, wo anlässlich seines 80. Geburtstags eine CD präsentiert wurde, auf der er, der wunderbare Sprecher, einige seiner Gustostückeln für die Ewigkeit festgehalten hatte. Die CD hieß „Österreich war ein ordentliches Land", Ort der Ehrung war das Wirtshaus Nikodemus, ich umarmte ihn, überreichte ihm mein neues Buch „Schlichte Gedichte" und dachte besorgt, dass er sehr schmal geworden war, sein Hals beängstigend dünn in dem viel zu weiten Kragen.

Allerdings hatte er die Jahre hindurch mit seiner Krankheit zu kämpfen, von Zeit zu Zeit hörte man, es ginge ihm gar nicht gut. Aber dann tauchte er doch wieder auf, etwa bei einer Weinheber-Lesung (niemand konnte Weinheber besser lesen als er) oder bei einer Matinee, ja er spielte sogar noch immer den Oberst Pickering in der Volksoper. Es schien, er ließ sich nicht so leicht unterkriegen.

Ich habe ihn wohl unzählige Male im Burgtheater gesehen, damals, als ich noch selige Besucherin dieses Kunsttempels war. Erich Auer war das, was man eine „Stütze des Hauses" nennt. Noch im Ausweichquartier, nach dem Krieg, im Ronacher, spielte er den Ruprecht im „Zerbrochenen Krug", den Max Piccolomini im „Wallenstein", den Rustan in „Der Traum ein Leben", den Ferdinand in „Kabale und

Liebe", er spielte natürlich auch im wiedereröffneten Haus die Klassiker hinauf und hinunter, die Liebhaber und jugendlichen Helden, auch den Karl Schilf im „Bauer als Millionär". Immer sympathisch und ordentlich. In den Heimatfilmen, den vielen, in denen er mitwirkte, war er der brave Bauernbursch, der junge Pfarrer. Einen bösen Charakter traute man ihm anscheinend nicht zu.

Ich muss gestehen, dass ich ihn als guten Schauspieler akzeptierte. Gefallen, richtig gefallen hat er mir nie. Vermutlich war es sein Profil mit der etwas zu kurz geratenen Nase, die stämmigen Beine, der „Stockerlpopo", wie ich sein Gestell etwas lieblos nannte, das mir missfiel. Mit einem Wort: Er war nicht der Bühnenheld, nicht mein Bühnenheld. Mich begeisterte der Horst Caspar, ich verehrte Gustaf Gründgens, mir gefiel der Fred Liewehr. Erich Auer verdarb nichts. Mehr war zu seinen Gunsten nicht zu sagen. Damals.

Richtig zu schätzen lernte ich ihn erst später. Als nämlich mein erstes Buch erschien, die Buchwoche, damals noch im Künstlerhaus, bevorstand, und man mir vom Verlag noch nicht zutraute, selbst daraus vorzulesen, wurden Erich Auer und seine Frau, die hochgeschätzte Heroine des Burgtheaters Martha Wallner, ersucht, aus diesem meinem Erstling vorzulesen. Das taten sie auch. Sie war gut, er war hervorragend.

Seit damals bewunderte, ja verehrte ich ihn als Vortragenden. Er besaß nicht nur eine wunderbare Stimme, er hatte auch die Intelligenz, die so vielen Schauspielern leider oft abgeht. Er konnte sich seine Vortragsabende, seine Matineen mit Verstand und Geschmack zusammenstellen, dass es eine Freude war. Und er beherrschte auch den Wiener Dialekt, sein „Wien wörtlich" meines verehrten Weinheber hörte ich von ihm lieber als von Richard Eybner, der seinen Weinheber beinahe gepachtet zu haben schien.

Durch meine Verbindung mit dem Gablitzer und Purkers-
dorfer Kulturkreis, durch Herbert Rischanek-Kosnadol und
Leopold Großmann, traf ich von Zeit zu Zeit mit Erich Auer
zusammen, besuchte die eine oder andere Lesung, wurde von
ihm jedes Mal liebenswürdig als „Dichterfürstin" begrüßt, (das
hatte er von Eybner übernommen) und genoss, was er vortrug.

Sein 80. Geburtstag wurde in Purkersdorf, wie gesagt, durch
die Präsentation seiner CD gefeiert. Bald darauf, am 26. April,
wirkten wir sogar beide in einem Programm anlässlich der 80-
Jahr-Feier des Vereins „Wiener Volkskunst" mit, plauderten
ein bisschen im Hinterzimmer des Schutzhauses Ameisbach,
während draußen das Programm ablief. Ich wurde im 1. Teil
anlässlich meines 80. Geburtstags gefeiert, er vermutlich im 2.
Teil, den ich aber nicht mehr abwarten konnte. Schon am
nächsten Tag, am 27. April, gab es in Purkersdorf die traditio-
nelle Matinee „Ernst und heiter", da beschenkte er sein ge-
neigtes Publikum mit einem „Streifzug durch die Literatur".
Es war rührend, wie er, der gesundheitlich Angeschlagene,
sich während seines Vortrags direkt verjüngte. Er bekam rote
Backerln und konnte vor Begeisterung für die Literatur nur
mit Mühe ein Ende finden.

Diesmal habe ich ihm das Gedicht, das ich auf meinen 80.
Geburtstag verfasst hatte, zum Geschenk gemacht. Mit der üblichen Umarmung, versteht sich. Die schwarze Fahne am Burgtheater hat er sich verdient. Ob man ihn ums Haus tragen, auf
der Prunkstiege aufbahren wird, wie es der Brauch ist?

Manchmal zweifle ich, ob man ein solches Ritual beibehal-
ten wird. Heute steht in der Zeitung, dass die Direktion anlässlich der Wiedereröffnung des Burgtheaters im Jahre 1955
Hermann Nitsch und sein Mysterienspektakel einladen wird.
Man ist gerade dabei auszumessen, ob ein geschlachteter Stier
über die Prunkstiege transportiert werden kann.

Heinz Conrads

Das erste Wort, das ich höre, wenn ich mit jemandem bekannt gemacht werde, ist: „Ich kenne Sie ja schon lange! Durch den Heinz Conrads!" Und das ist sicher nicht gelogen. Heinz Conrads besaß, und besitzt noch immer, eine ungeheure Popularität; von der Standlerin bis zum Professor kennt ihn jeder, auch über unsere Landesgrenzen hinaus ist seine Stimme und sein Gesicht bekannt. Dabei ist er im Ausland kaum aufgetreten. Aber seine Sendungen im Rundfunk und Fernsehen haben seine Beliebtheit grenzenlos gemacht.

Er wurde nicht von allen geschätzt.

In gewissen Kreisen hat es zum guten Ton gehört, über ihn die Nase zu rümpfen, sich über seine Liebe zur heilen Welt lustig zu machen. Aber angehört und angeschaut haben ihn auch seine Gegner. Oft allerdings heimlich.

Heinz Conrads hat mich entdeckt.

Bevor er allerdings dazu Gelegenheit hatte, habe ich mir erlaubt, ihn für mich zu entdecken, indem ich ihn durch Übersendung von ein paar Gedichten auf mich aufmerksam gemacht habe. Und er hat tatsächlich angebissen, der Gute, hat sie im Rundfunk gelesen und ausprobiert und, siehe da, den Leuten hat's gefallen.

Da er die schätzenswerte Gewohnheit hatte, bei jedem Gedicht und bei jedem Lied, das er brachte, den Namen des Autors zu nennen, ist mein Name schön langsam den Hörern bekannt geworden. (Mit der Aussprache hat er sich's am Anfang schwer getan, aber dann konnte er's schon ganz geläufig.)

Es war ein merkwürdiges Gefühl, das erste Mal ein Gedicht aus meiner Feder im Radio zu hören. Ein wenig peinlich war es – nur gut, dass meine Freunde die Sendung zu so früher Morgenstunde nicht hören würden, hab ich gedacht. Aber gefreut hab ich mich doch, und aus diesem Gefühl ist ein Gedicht entstanden, „Kleiner Hymnus an die Freude", das ich dem „Heinzi" dankbar geschickt habe. Gelegentlich folgten dann noch andere Verse, die er, wenn sie ihm gefielen, wieder aufsagte. Ihn ermutigten die günstigen Reaktionen des Publikums – es ist erstaunlich, wie eifrig die Leute schreiben – mich ermutigte seine aktive Zustimmung zu neuen dichterischen Versuchen, die Sammlung „Aus der Kuchlkredenz" wuchs.

Es versteht sich von selbst, dass ich zu einer ständigen Hörerin seiner Sonntagmorgen-Sendung wurde. Einmal fasste ich mir sogar ein Herz und pilgerte ins Funkhaus, an einem Sonntagmorgen im Dezember, um mir die Sendung persönlich anzuschauen. Drei Monate hatte ich mit mir gerungen, um meine Schüchternheit zu überwinden. Aber schließlich kannte mich ja niemand, ich konnte mich unter das Volk mischen wie weiland Harun al Raschid. Das hatte mich schon lange interessiert: Wer steht am Sonntag in aller Herrgottsfrühe auf, geht ins Funkhaus und sieht dort eine Stunde lang zu, wie eine Sendung gemacht wird?

Nur wer sich den großen Sendesaal am Sonntag um acht Uhr früh angeschaut hat, kann das Phänomen Heinz Conrads ein wenig begreifen.

Die Leute haben ihr Sonntagsgewand an, vorwiegend, aber nicht ausschließlich ältere Leute, manche führen die Enkelkinder an der Hand, sie schreiten feierlich wie zur Morgenandacht, viele habe ihre Stammplätze und begrüßen einander. Sie füllen den Saal und freuen sich sichtbar auf die knappe Stunde, in der sie Optimismus und Heiterkeit tanken können für die kommende Woche. Und wenn Heinz Conrads erscheint und vor der Sendung noch mit ihnen privat plaudert vom Podium herunter, strahlen sie. Manche bringen kleine Geschenke, ein paar Blumen und viel Liebe. Ist die Sendung zu Ende, wird er umringt und muss viele Hände schütteln. Damit man später sagen kann: Der Heinz Conrads hat mir einmal die Hand gereicht ...

Das alles habe ich mit Staunen und Rührung beobachtet. Es tat mir nicht leid, auf den Morgenschlaf verzichtet zu haben. Nach der Sendung erhob sich freilich die Frage: Soll ich mich ihm vorstellen? Aber wann? Aber wo? Hinter die Bühne zu kriechen hab ich mich nicht getraut, habe meinen Mantel aus der Garderobe geholt und dann zögernd im Foyer gewartet. Schließlich müsste er ja hier durchkommen.

Und so war es auch. Er kam. Mit ihm Gustl Zelibor und Herbert Seiter, die beiden Freunde am Klavier.

Soll ich? Soll ich nicht? Vielleicht ist er böse über die Störung und wimmelt mich ab? Das würde mich, Mimose, die ich bin, auf Jahre zurückwerfen. Zaghaft bin ich auf ihn zugegangen. Was ich gesagt habe, weiß ich nicht mehr, vermutlich habe ich nur meinen Namen gestammelt.

Er aber hat spontan herzlich reagiert, hat sofort gerufen: „Gustl! Herbert! Das ist die Trude Marzik!" Allgemeines Händeschütteln, wir strahlten einander an, blödelten ein bisschen und verabschiedeten uns vor dem Funkhaus mit freundlichen Zurufen. Ein großer Stein war mir vom Herzen gefallen. Jedes Mal, wenn ich das Funkhaus betrete, viele Jahre danach, muss ich an diese Szene denken. Heute erinnert an Heinz Conrads eine Marmortafel im Foyer. Aber für viele Wienerinnen und Wiener ist eine Marmortafel gar nicht nötig, die erinnern sich auch so.

Ein Jahr nach dieser ersten Begegnung, bei der Präsentation meines ersten Buches, der „Kuchlkredenz", in der Alten Backstube, war er selbstverständlich Ehrengast. Da haben wir uns verbrüdert. Seitdem sind viele Jahre vergangen, der „Kuchlkredenz" sind weitere Bücher gefolgt. Das erste Exemplar eines neuen Buches wurde immer an ihn geschickt, und er las auch getreulich daraus vor, aber nur, was ihm und seinem Publikum passte. Dafür hatte er nämlich ein feines Gespür. Die Gedichte, die für seine Sendung geeignet waren, hatten einen festen Platz in seinem Repertoire, man konnte sie je nach Anlass und Jahreszeit immer wieder hören.

Viele Leute nehmen an, dass wir die engsten Freunde waren. Das stimmt nicht. Wir standen durchaus nicht in regem gesellschaftlichen Verkehr miteinander und sahen einander privat nie. Zuneigung auf Distanz gewissermaßen. Unsere persönlichen Begegnungen kann ich an den Fingern abzählen: zweimal war ich, gemeinsam mit anderen Autoren, in seiner Fernsehsendung, einmal habe ich ihm zugehört, wie er aus seinem Buch „Meine ersten 60 Jahre" im Palais Palffy vorgelesen hat, zu seinem 65. Geburtstag wurde ich vom Rundfunk eingeladen zu einer festlichen Morgensendung, da haben Georg Strnadt, Franz Lahner und ich stellvertretend für alle Dichter-Kollegen jeder ein paar selbstverfasste Reime aufgesagt. Meine lauteten:

> „Mein Märchenprinz:
> (Schau net so g'schreckt!)
> Hast mich erweckt –
> pardon, entdeckt,
> mit an Gedicht, waaßt no?
> „Mei Bua" –
> sowas kummt nur im Märchen vua.
> I sitzert unter Garantie
> noch in der Kuchl ohne Di ...

Zum Dank für Deine Assistenz
a Klanigkeit aus der Kredenz.
Und zum Geburtstag alles Gute,
das wünscht Dir heut
die Marzik Trude."

Mit diesen sinnigen Versen hab ich ihm einen Teller mit Zwiebelmuster überreicht, wie er den Umschlag meines ersten Buches, der „Kuchlkredenz" ziert. Und im September 1980, fast auf den Tag genau zehn Jahre nach seiner ersten Marzik-Lesung, habe ich ihn in seiner Sonntagmorgen-Sendung unverhofft besucht und ihm ein Spielzeug-Moped in Miniformat mitgebracht, zur Erinnerung an das erste Gedicht, das er damals gelesen hat – „Mei Bua hat a Moped".

Zweimal hat er sich etwas gewünscht von mir: zuerst ein Ostergedicht – das ist dann in das „Wunschbüchel" eingegangen, und ein paar Jahre später die Monatsgedichte, die er am Anfang jeden Monats im Fernsehen vortragen wollte. Die habe ich ihm zizerlweise geschickt, später andere Gedichte angehängt und ein Buch daraus gebastelt, „A Jahr is bald um". Es versteht sich von selbst, dass ich ihm dieses Buch zur Gänze gewidmet habe.

Wie er denn wirklich war, der „Heinzi", wollen manche von mir wissen. Ich halte ihn für einen Schwierigen, einen, der, wie viele Komiker, privat nicht so heiter war, wie er sich im Beruf gegeben hat. Wenn man ihm bei der Arbeit zugesehen hat, wozu ich ja ein paarmal Gelegenheit hatte, merkte man, dass er es sich nicht leicht gemacht hat. Trotz seiner jahrzehntelangen Routine hatte er bei den ersten Worten der Sendung immer eine ein wenig belegte Stimme; das machte das Mikrofonfieber, von dem auch er nicht frei war. Aber wenn der Künstler nicht eine gewisse Spannung in sich trägt, gibt es im Publikum keine gespannte Aufmerksamkeit. Ein bisserl muss sich auch ein alter Hase aufregen, das gehört dazu.

Vielleicht war er nicht immer glücklich darüber, so bekannt zu sein, dass ihn jedermann als sein persönliches Eigentum betrachtete und ihn jederzeit und überall mit „Se'as Heinzi!" begrüßte. Alles hat seinen Preis. Und wenn ihn niemand begrüßt hätte, wär's ihm sicher auch nicht recht gewesen.

Seine Popularität war groß, aber er durfte kein Schauspieler mehr sein, immer sich verwandelnd, immer anders, das gestattete ihm sein Publikum nicht. Er musste immer er selbst sein, immer der „Heinzi", eine Institution, ein Monument. Was wäre er für ein großer Volksschauspieler geworden, wenn das Schicksal die Weichen anders gestellt hätte!

Wer so erfolgreich ist, hat natürlich viele Neider, die ihn kritisieren, belächeln, abschießen wollen. Das alles zehrt an der Substanz.

Er litt darunter, fühlte sich verfolgt, manchmal mit Recht, manchmal aber auch aus übergroßer Empfindlichkeit.

Zu seinem 70. Geburtstag wurde er von allen Seiten geehrt und gefeiert. Der ORF widmete ihm eine schöne große Fernsehsendung. Ich durfte bei der Aufzeichnung im Publikum dabeisein, es war ein glanzvolles Fest. Auch seine Frau, die bezaubernde Erika, richtete ihm eine Geburtstagsfeier aus, beim Heurigen, zu der nur persönliche Freunde geladen waren. (Es müssen an die 200 gewesen sein.) Willy Kralik hat dazu ein kleines Programm zusammengestellt und mich gebeten, eine gereimte Laudatio beizutragen und auch aufzusagen. Eine ehrenvolle Aufgabe, der ich mich natürlich nicht entziehen konnte. Eine Laudatio auf den „Heinzi", (wie er allein diese Koseform seines Namens hasste!) war ein heikles Unterfangen. Lobhudelei wäre mir zuwider gewesen, kritische Töne wären dem Jubilar nicht recht gewesen. Ich muss gestehen, dass ich bei der Anfertigung dieses Gedichtes recht ins Schwitzen gekommen bin. Aber dann wurde es doch fertig, ich habe es bei der Feier vorgelesen, es wurde von den Conrads-Freunden und zum Glück auch vom Geburtstagskind gnädig aufgenommen, und mir fiel der bewusste Stein vom Herzen.

Für Heinz Conrads zum 70. Geburtstag:

„Wird aner sechzig oder siebzig,
zu sein Geburtstag, da ergibt sich,
des is ja quasi comme-il-faut,
es halt wer a „Laudatio".

Des Älterwerden trifft an jeden,
deswegn braucht ma ka Rede reden.
Nur: wia a Mensch den Siebzger schafft,
so resch und fesch, voll Saft und Kraft,
mit Disziplin, an eisern Grund –
des gibt zum Feiern schon an Grund.

Es is der Mensch, von dem i red,
zum Loben. Zu beneiden net.
Jahrzehntelang, jahrein, jahraus
bringt Frohsinn er in jedes Haus.

Das Publikum liebt ihn zwar sehr,
doch ists ein äußerst strenger Herr.
Ka Zahnweh dulds, kan Rheumatismus,
nur Heiterkeit und Optimismus.
Schauspielern, sich verstelln, verkleiden,
des kann sein Publikum net leiden.
Es will ihm immer wieder gleich.
(Net nur bei uns in Österreich.)
Weit über unsre Grenzen geht

des Menschen Popularität!
Die Madeln, Buam, die jungen, alten,
sie wolln sich net nur unterhalten;
die was allaa san, und die Kranken,
sie alle haben ihm zu verdanken,
dass er sie tröst, wann sie was kränkt,
und ihnen Freud am Leben schenkt,
dass er die Angst von ihnen nimmt,
damit des Weltbild wieder stimmt.
Für d'Künstler, san ma uns doch ehrlich,
is er seit langem unentbehrlich.
Net nur für die, was prominent,
aa für die, was no kaner kennt.
Wann er an Neuling präsentiert,
geht die Karrier dann meist wia gschmiert.
Glaubts mir, i waaß, von was is red ...

Es gibt ja Leut, die wolln ihm net.
A Schnoferl machen manche gern.
(Des san die, was ihm hamlich hörn.)
Denn grad a schlechte, triste Zeit
braucht Menschlichkeit und Heiterkeit.

Was hast gsagt, Heinrich? Du hast gnua?
Möchst manchmal aufhörn? Willst dei Ruah?

Du Publikumsgunst-Spitzenreiter,
wir brauchen dich! Drum tua nur weiter!

Und giftst di, dass d'Leut „Heinzi" sagen –
Die Zärtlichkeit muasst halt ertragen."

Heinz Conrads war nie krank, so schien es. Es gab kaum
eine Sendung, die er absagte. Am Sonntagmorgen wurde

live im Rundfunk übertragen, die Samstagabend-Sendung im Fernsehen zeichnete man zwei Tage vorher auf. So kam es, dass man ihn am Samstag, am 15. Februar 1986, noch in alter Frische auf dem Bildschirm sehen konnte, obwohl er schon im Krankenhaus lag.

Da hat er noch zwei Gedichte von mir gelesen. Mein erstes Buch, die „Kuchlkredenz", an dessen Entstehen er quasi mitschuldig war, lag die ganze Zeit, gut sichtbar, vor ihm auf dem Tisch. Er las – es war ja Fastenzeit – das Gedicht vom Kalvarienberg und etwas später „Allaa bist gar nix". Ich habe die Sendung aufgezeichnet und sie mir später wieder mit Rührung angeschaut. Sogar die vielen eingeschobenen „vastehst" und „net?", über die ich mich oft so geärgert habe, musste ich ihm verzeihen.

Merkwürdig, am Anfang der Sendung sang das Lothar Steup Trio ein Wiener Lieder Potpourri, es begann mit den Worten „Kinder, wegn mir brauchts ka Trauergwand!" Im nachhinein kommt es einem fast wie ein Vorzeichen vor ...

Als der „Heinzi" gestorben war, gab es ein Begräbnis wahrhaft barocken Ausmaßes, um das ihn jedes Staatsoberhaupt beneiden könnte. Zuerst eine schöne Feier in der alten Kirche am Hietzinger Platzl. Sie war zum Bersten voll, man durfte sie nur mit schriftlicher Einladung betreten. Und danach bewegte sich der Kondukt, mit vierspännigem Wagen und Militärmusik, langsam die Maxingstraße hinauf. Die Trauergäste folgten zu Fuß, es war eine ansehnliche Prominentenreihe, und die Wiener und Wienerinnen standen Spalier.

Auf dem Friedhof gab es Ansprachen und Musik, sogar die Sonne schien ein wenig. Ein Staatsbegräbnis, das Wien seinem Liebling bereitete. Viel gelästert, aber auch viel geliebt. Die einfachen Leute, sein Publikum, werden ihn nicht so bald vergessen. Er geht ihnen ab.

Richard Eybner

Richard Eybner war für mich ein Begriff, seit ich anfing, das Burgtheater zu besuchen, und nicht nur zu besuchen, sondern in kürzester Zeit auch zu lieben. Mit dem Burgtheater natürlich nicht nur das schöne, ehrwürdige Haus, sondern auch die Schauspieler; alle, bis zum kleinsten Chargenspieler. Sie waren ein Teil des Ensembles, und eben dieses Ensemble machte den Geist des Burgtheaters aus, „die Burg", die für uns junge Leute eine feste, unser Gott war.

Seit dieser Zeit kannte ich Richard Eybner, der ja eine Stütze dieses Ensembles war. Ich vermag die unzähligen Rollen nicht zu nennen, in denen ich ihn gesehen habe, in den vielen Nestroy- und Raimund- und Shakespeare-Stücken. Er spielte fast in jedem Stück mit, und er war immer gut, manchmal sogar unvergesslich, wie als Zangler in „Einen Jux will er sich machen".

Eine Zeitlang waren seine musikalischen Vortragsabende mit seiner Partnerin Blanka Glossy Tagesgespräch. Ich sehe noch seine Handbewegungen vor mir, mit denen er den „blauen Donaustrom" illustrierte, und sein Tänzchen, das er beim Zwischenspiel einlegte, wobei er sich sehr komisch, mit deutlich herausgestrecktem Hinterteil um die eigene Achse drehte.

Seine Soloszenen – der „Verkäufer im Tuchladen", das „Manöööver", der „Verkehrspolizist" – so viel hat mich an ihm beeindruckt, dass es sich kaum aufzählen lässt. Kurz: Richard Eybner war ein Begriff. Auch als Interpret der Gedichte des von mir sehr verehrten Josef Weinheber.

Als ich selber zu schreiben begonnen hatte, schickte mein erster Förderer, der gute Lambert Binder, der Gott und die

Welt und daher selbstverständlich auch Richard Eybner kannte, ihm ein paar meiner Gedichte. Der hat mir lobende Worte geschrieben, ich habe ihm gedankt. Habe ihm zum Geburtstag gratuliert, er hat mir ein Photo geschickt, es ergab sich ein freundlicher Briefwechsel.

Persönlich habe ich ihn erst getroffen, als die „Kuchlkredenz" aus der Taufe gehoben wurde. Er war vom Verlag eingeladen worden, bei der Präsentation ein paar Kostproben vorzulesen. (Heinz Conrads, an den man herangetreten war, hatte verweigert, aber hinterher, nachdem Richard Eybner, sogar vor der Fernsehkamera gelesen hatte, es übelgenommen, wie er ja gerne übelnahm.)

Die Präsentation fand in der Alten Backstube statt, in der Lange Gasse, vor dem Eingang zum Lokal trafen wir beide zusammen. Ich stellte mich vor, er breitete die Arme aus und rief mit seiner schönsten Burgtheaterstimme, dass die Lange Gasse widerhallte: „Dichterfürstin!"

Und seit damals bin ich in meinem Bekanntenkreis die „Dichterfürstin".

Bei der „Stunde der Begegnung" in der Buchhandlung Berger am Kohlmarkt, ein paar Tage später, hat er dann ausgiebig aus meinem Bucherstling gelesen. Da konnte ich vor Beginn der Veranstaltung, im Hintergrund der Buchhandlung, mit Staunen feststellen, wie sehr er, der alte Routinier, von Lampenfieber geplagt war.

Es versteht sich von selbst, dass ich ihm von nun an jedes neu erschienene Buch aus meiner Feder noch kuhwarm schickte. Er hat es genauestens gelesen, damals waren seine Augen noch halbwegs intakt, und mir dann eine detaillierte Kritik zukommen lassen, in langen, ausführlichen Briefen in seiner schönen, kraftvollen, musikalischen Handschrift. Seine Beurteilung war wohlmeinend und positiv, nur die

„schwoazzen gedanken" aus dem „A bissl Schwarz a bissl Weiß"-Buch hat er nicht gemocht, die waren ihm zu ordinär, das sei nicht die Marzik, meinte er.

Zu einem engeren persönlichen Kontakt ist es allerdings erst in den achtziger Jahren gekommen. Daran war der Gablitzer Kulturkreis schuld, zu dessen Befürwortern und quasi Gründern Richard Eybner gehörte. Ein langjähriger Freund und Schlaraffen-Bruder, Herbert Rischanek-Kosnadol, hat mich zur Mitwirkung bei einer Matinee engagiert, und so bin ich einerseits in den Gablitzer Kulturkreis, anderseits auch in den Kreis der Schlaraffia hineingezogen worden, durfte an manchem sogenannten „Burgfrauenabend" teilnehmen und auch mitwirken.

Richard Eybner war ein leidenschaftlicher Schlaraffe. Mir kommt vor, dass er sein Leben nach dem Tod seiner Frau zwischen Schlaraffia und Burgtheater teilte. Und Aussee im Sommer, versteht sich. Der Teichwirt in Aussee musste sein.

Dort haben wir ihn einmal besucht, und er hat darauf bestanden, uns (damals war er schon hoch in den Achtzig) auf einer Plätte stehend über den See zu rudern. Zum Glück habe ich diesen „Auftritt" (denn das war es wohl) im Photo festgehalten. Er hat sich dann in einem Brieferl für das übersandte Bild bedankt. Da war seine Schrift nicht mehr so schön, die Augen ließen ihn im Stich, und auch das Gehör.

Zum Lesen hatte er eine Speziallupe, die sich aber nur für Speisekarten und kleinere Dinge eignete. Auf der Straße half er sich mit einem Regenschirm, den er auch bei trockenem Wetter statt eines Stockes benutzte, um sehr geschickt und unauffällig den Weg vor sich abzutasten. Auf der Bühne musste man ihm eine Art Begleitschutz mitgeben.

Seine Vortragsabende, besonders Werke von Weinheber und Mayer-Limberg, hielt er nach wie vor. Lesen konnte er freilich nicht mehr. Da half ihm sein fulminantes, gut trainiertes Schauspielergedächtnis. Er konnte sein Repertoire auswendig. Und wenn er sich ein neues Gedicht oder eine Rolle erarbeitete, ließ er sich das auf Tonband vorspielen, bis er es konnte. Nur ganz zum Schluss, wenige Wochen vor seinem Tod, ließ ihn auch sein Gedächtnis manchmal im Stich, er blieb bei Gedichten, die er sonst im Schlaf konnte, stecken, was mir, wenn ich zuhörte, fast das Herz zerriss.

Soufflieren half nichts, weil er ja nur mehr sehr schlecht hörte, und den Hörapparat meist trotzig und störrisch verweigerte. Aber Richard ließ sich nicht entmutigen. War er steckengeblieben, fing er mit großer Selbstverständlichkeit das Gedicht wieder von vorne an.

Meine liebste Erinnerung an ihn ist die an eine gemeinsame Autofahrt mit Freunden nach Nürnberg. Die Schlaraffia Nürnberg hatte eingeladen zu einem Wiener Abend, den wir zu viert gestalteten. Drei Schlaraffen und ich als „Burgfrau h.c.".

Die Fahrt war köstlich, „Riacherl" in Hochform, gab ein Bonmot nach dem andern von sich, in Nürnberg führte er uns durch das Germanische Nationalmuseum, auch das konnte er, die Rolle des Fremdenführers hatte er von früher her „drauf".

Die Veranstaltung verlief zufriedenstellend, obwohl Richard uns ins Schwitzen brachte. Er hatte nämlich wieder einmal seinen Hörapparat verweigert und konnte daher seine Stichworte in unserem kleinen Programm nicht hören. Wir mussten ihn durch Zwicken und Stupsen aufmerksam machen, wann er drankam. Aber immerhin hat der alte Herr mit mir noch sehr temperamentvoll eine Polka hingelegt, dass die Nürnberger nur so staunten.

Er war eben gut in Form. Das machte die Wohnung. Richard Eybner wohnte am Saarplatz, im obersten Stockwerk, ohne Lift. Ein gutes Training, wie sich zeigte.

Heute gibt es eine Gedenktafel an seinem Wohnhaus und im Park einen Gedenkstein. Sein Lebensinhalt, seine Berufung, sein Alles aber war das Burgtheater. Für das Burgtheater hat er gelebt, und fast wäre er im Burgtheater gestorben. Seine letzte Rolle, der alte Zauberer im „Lumpazivagabundus" hat er schon todkrank gespielt, er ließ sich aus dem Krankenhaus mit dem Taxi ins Theater bringen, absolvierte mit eiserner Disziplin seinen Auftritt und fuhr dann mit dem Taxi zurück ins Spital.

Trotz seiner Liebe zum Burgtheater und trotz seiner Hochachtung für dieses Haus hat Richard einmal eine Vorstellung versäumt, und schuld daran war ich.

Er war zusammen mit zwei Schlaraffenbrüdern bei mir zum Mittagessen eingeladen, wir wollten die bevorstehende Nürnberg-Reise besprechen. Das Mittagessen verlief planmäßig, wir beplauderten unsere Reise und den Ablauf der Veranstaltung, wir tranken Kaffee. Dann blieben wir noch bei munteren Gesprächen sitzen bis in den Abend hinein. Es war nach 20 Uhr, als die Herren aufbrachen. Dann, es muss gegen 21 Uhr gewesen sein, ein telefonischer Schreckensanruf: „Der Riacherl hat die Vorstellung versäumt!"

Mir verschlug es die Rede. Das war wie eine Nachricht vom Weltuntergang.

Zu jener Zeit spielte der gute Eybner, „Eybusch" nannten sie ihn im Burgtheater, den Kellermeister im „Wallenstein". Infolge seiner schlechten Augen hatte er offenbar den Vorstellungstermin falsch in seinen Kalender eingetragen. So etwas kann vorkommen, aber nicht bei Richard Eybner! Man stelle sich vor: Im Burgtheater war man gewöhnt, dass er lange vor Vorstellungsbeginn im Haus zu sein pflegte, das verkörperte Pflichtbewusstsein. Man war, als er nicht erschien, besorgt, man telephonierte und schickte, als sich niemand meldete, den Bruno Thost, der ebenfalls am Saarplatz wohnte, zu ihm, vier Stock hoch, ohne Lift, nachschauen, ob er etwa leblos zuhause liege. Man verständigte die Zweitbesetzung, Herbert Kucera, der ins Theater sauste und auftrat.

Als Richard Eybner, wie von Furien gehetzt, im Haus erschien, war alles schon vorbei. Nicht für Richard. Für ihn war die Welt eingestürzt. Noch nie, nie hatte er eine Vorstellung versäumt! Er eilte durch das Theater, beklagte sein Schicksal, stöberte den Direktor auf, um sich zu entschuldigen, und er hätte noch in der Nacht den Unterrichtsminister aufgesucht, wenn man ihn nicht daran gehindert hätte.

Zu seinem 90. Geburtstag veranstaltete der Gablitzer Kulturkreis eine Matinee mit dem Titel „Ein geliebter Komödiant wird 90". Eine beeindruckende Schar von Burgtheaterkollegen brachten ihre Wünsche dar, es war ein fröhliches und berührendes Familienfest.

Und weil ich bei solchen Gelegenheiten auch meinen Senf dazugeben muss, habe ich ihm ein Gedicht gemacht:

> *„Ganz Wien, ganz Österreich vereint sich:*
> *Der Richard Eybner wird heut neunzig.*
> *Drum freuen alle sich unsäglich*
> *Und fragen doch: wie ist das möglich?*
> *Wie hält der „Eybusch" sich in Form?*
> *Die Kondition ist ja enorm!*
> *Der „Riacherl", wie man oft ihn nennt,*
> *ist doch ein ewiger Student,*
> *ein wissbegieriger, gescheiter,*
> *und das hält jung. Mach nur so weiter!"*

Das war im März. Im Juni ist er gestorben. Knapp vorher hat man ihm im Rathaus den Raimund-Ring verliehen. Das hat ihn gefreut.

Als er schon recht schlecht beisammen war, ist ein Verwandter von ihm gestorben. Man wollte es ihm erst nicht sagen. Vor einem Hochbetagten, noch dazu Todkranken, soll man nicht vom Sterben reden, ist die allgemeine Meinung. Schließlich brachte man es ihm schonend bei.

Die Reaktion war erstaunlich. „Ist in Ordnung!" sagte er im bekannten Eybnerton. „Ist eh schon ein alter Trottel gewesen!"

Viele, viele Anekdoten drängen sich heran, die ein eigenes Buch wert wären, schade, niemand wird es schreiben, die Erinnerung an ein Original wird immer mehr verblassen, Erinnerung an seine charakteristische Sprechweise, an seine altmodische „Küss die Hände"-Galanterie, an seine lautstarke Kritik, besonders bei Generalproben gefürchtet: „Is scho falsch!"

Inge Konradi

Im Volkstheater habe ich die Konradi das erste Mal gesehen, und es war für mich ein unauslöschlicher Eindruck. Sie spielte „Die Heilige Johanna" von Bernard Shaw so bewegend, dass ich noch heute, und das ist sehr lange her, davon ergriffen bin.

Die Konradi war nicht von dieser Welt.

Als mein erstes Buch erschien, „Aus der Kuchlkredenz", im Jahre 1971, fragte man mich im Verlag, welchen Interpreten ich mir denn für die Buchpräsentation wünschen würde. (Dass ich selber daraus vorlesen könnte, wurde damals noch nicht in Erwägung gezogen.)

Ich konnte mir die Inge Konradi vorstellen, und das sagte ich auch meinem Verlagsleiter. Sie zu fragen, schien mir zu vermessen, aber er war nicht so schüchtern wie ich. Er ließ bei ihr anfragen und holte sich prompt eine Abfuhr. Frau Konradi mache keine Lesungen. Die Welt ging darüber nicht unter, Erich Auer und Martha Wallner wurden engagiert, das Buch war ein Erfolg, und Frau Konradi wurde von uns nicht mehr belästigt.

Nun geschah es aber, dass ich viele Jahre später zur Kur im burgenländischen Mönchhof weilte, zum Kneippen. Während meines Aufenthalts wurde ich eingeladen, im damals sehr beliebten Kurhaus Marienkron eine Lesung für die Kurgäste zu halten, was ich auch mit Vergnügen tat. Noch am selben Abend fand ich in meinem Fach bei der Rezeption eine Karte mit schöner, energischer, aber mir unbekannter Handschrift:

„Danke" – es war ergötzlich!!
Darf ich's auch einmal lesen? Ich wäre glücklich! Aber eine Aus-

wahl müssten Sie treffen!
Ein gesundes „86" wünscht Ihnen Ihre Inge Konradi
(leider mit Angina im Bett)

Natürlich deponierte ich sofort eine Antwort für ihr Fach an der Rezeption:

Liebe schöne Unsichtbare,
waren Sie denn drin? Zum Glück wusste ich das nicht, sonst hätte ich mich nämlich angesch… Wenn Sie was lesen wollten, würde mich das narrisch freuen. Sämtliche Gesammelte Werke (bis jetzt 10 Stück) stehen zu Ihrer Verfügung.
Alles Liebe – die Ihrige

Danach geschah eigentlich – nichts. Wir beide, eher schüchtern, würden nicht leicht zueinander finden, das hat mir schon Fritz Muliar prophezeit, der dieses unser Handicap kannte. Es folgten ein paar zaghafte Versuche einmal von mir, dann von ihr, wenn wir zur selben Zeit in Marienkron waren.

Endlich begab es sich eines Tages, dass sie in Wien zu tun hatte und sich anbot, mich, die ich ebenfalls in die Stadt musste, in ihrem Auto mitzunehmen. Gemeinsam eine Stunde lang im Auto zu sitzen, schafft eine intime Atmosphäre. Wir hatten ein angenehmes, zwangloses Gespräch. Da konnte ich sie endlich fragen, warum sie uns damals, 1971, einen Korb gegeben hatte, als der Verlag sie bat, aus meinem ersten Buch vorzulesen. Die Begründung kam in ihrer seltsam rauen Stimme sehr urwüchsig ehrlich: „I kann des net, i scheiß mi an dabei!" Und sie erklärte mir, dass Bühnenauftritte für sie alltäglich seien, Lesungen aber, bei denen man das Publikum unmittelbar und sichtbar vor sich hatte, sie unerträglich nervös machten. Das musste ich natürlich akzeptieren. Dass wir uns mochten, wurde uns beiden bei dieser Autofahrt klar.

Wir schrieben einander zu Weihnachten, zuerst per „Sie",
nach einiger Zeit per „Du", meist einfache, herzliche Glückwünsche, ein vorgedrucktes Billet etwa:

Ein frohes Weihnachtsfest und viel Glück im neuen Jahr

und auf der nächsten Seite in ihrer klaren, energischen
Handschrift:

> *Das*
> *wünsche*
> *ich*
> *Dir*
> *von*
> *echtem*
> *Herzen!*
> *Sei*
> *umarmt*
> *von der Inge K.*

(Die Schreibweise, untereinander statt nebeneinander, in
Anlehnung eines meiner Lyrik-Gedichte, in dem ich mich
über die moderne Lyrik lustig mache.)

Man sah sich gelegentlich, etwa zu Richard Eybners 90.
Geburtstag oder Fred Liewehrs 80er. Die namhaftesten Schau-
spielkollegen der Jubilare sangen, sagten auf, trieben Späße.
Die Konradi war dabei, nahm Anteil, war aber nicht zu bewegen, um keinen Preis zu bewegen, im Programm einen
Beitrag zu leisten. Sie brachte Selbstgebackenes mit, zu mehr
ließ sie sich nicht überreden.

Sie lud mich zu Ehrungen, ihre Person betreffend, ein,
etwa ins Pausenfoyer des Burgtheaters, als sie im Jahre 1992
Ehrenmitglied wurde. Das war die Zeit, in der die Direktion
sie zwar ehrte, aber kaum mehr schauspielerische Aufgaben
für sie hatte. Ich gratulierte schriftlich:

Liebe Inge Konradi,
leider konnte ich nicht bis zu Dir durchdringen und Dich persönlich umarmen. Es war eine schöne Feier und hat mir, die ich von Kind an das Burgtheater so geliebt habe, die Tränen in die Augen getrieben. Wie viele unvergessliche Erlebnisse verdanken wir ihnen allen, die da versammelt waren, dem Ensemble. Es war wie eine Machtdemonstration, aber ich fürchte, eher eine Ohnmacht-Demonstration. Mein Herz ist schwer.
Eine große, ehrliche Umarmung

Im Jahre 1995 wurde ihr im Anschluss an eine unbedeutende Vorstellung im Kasino Schwarzenbergplatz der Berufstitel „Professor" verliehen. Ich schickte ihr in die Garderobe ein Glas mit Lorbeerblättern nebst einem Gedicht:

> „Wenn ich könnte, wie ich wollt',
> einen Lorbeerkranz aus Gold
> würde ich Dir gerne schenken,
> Inge. Doch ist zu bedenken:
> So ein Kranz wiegt ziemlich schwer,
> wie schaff ich das Ding hierher?
> Und dann müsstest Du Dich plagen,
> um den Kranz nachhaus zu tragen,
> wo er dann, zwar goldbelaubt,
> traurig an der Wand verstaubt.
> Heute sind die Zeiten nüchtern,
> man denkt praktisch, auch bei Düchtern.
> Nix is mit die Lorbeerkränz;
> ich spend Lorbeer für d'Kredenz!"

Eines Tages, im Jahre 1996, meldete sich die Inge bei mir. Sie hatte sich entschlossen, einen Leseabend zu geben, und zwar nur mit Marzik-Gedichten. Wer sie dazu überredet hatte, weiß ich bis heute nicht, vermutlich mehrere Leute, die es bedauerten, dass man ihr auf der Bühne so wenig Gelegenheit gab, ihr Talent auszuspielen. Sie kam zu mir nachhause, was schon eine gewaltige Überwindung gekostet haben muss, und wollte von mir wissen, was sie denn lesen sollte.

Für jemand anderen ein Programm zusammenzustellen, ist nicht leicht. (Ich stelle ja nicht einmal für meine eigenen Lesungen ein Programm zusammen, sondern ziehe das Improvisieren vor.) Das konnte ich aber ihr, die auf dem Gebiet völlig unerfahren schien, nicht empfehlen. Also nahm ich meine Bücher her und sagte ihr Titel für Titel an, was ich mir für sie passend vorstellen konnte. Sie schrieb eifrig alles mit.

Der Direktor des Theaters Akzent, wo die Lesung stattfinden sollte, schickte mir eine freundliche Einladung. Aber hinzugehen überstieg meine Kräfte. Und, wie ich die Konradi kannte, würde es auch ihre Kräfte übersteigen, mich drin zu wissen. Ich schickte ihr also nur Blumen mit einem Begleitbrief:

Viel geliebte Inge,
zu Deinem schweren Tag im Akzent halte ich sämtliche Daumen. Du wirst großartig sein, das weiß ich. Trotzdem werde ich dem Fest nicht beiwohnen, und ich hoffe, dass Du das verstehst. Helfen kann ich Dir nicht, vermutlich wirst Du nur nervös, wenn Du weißt, die greise Dichterin sitzt drin. Und ich tät erst recht nerveln.
Also: nicht bös sein, im Geist weile ich bei Dir und flüstere jetzt schon toi, toi, toi!

Der Abend war ein Erfolg. Der Direktor rief mich in der Pause aufgeregt und glücklich an, um mir zu berichten. Ein paar Tage später habe ich dann von ihm eine Tonkassette mit dem Mitschnitt des Abends bekommen, die mir ein besonders liebes Andenken sein wird.

Sie ist mit diesem Programm noch gelegentlich da und dort aufgetreten, mit großem Erfolg. Sich ein neues zu erarbeiten, dazu konnte sie sich nicht überwinden. Ihr letzter und besonders dauerhafter Erfolg (weil auf Video festgehalten) war die Familiensaga „Single Bells". Auch beim dritten Mal Anschauen: Inge Konradi war zum Niederknien.

Fritz Muliar schreibt in seinem Buch „Das muss noch gesagt werden!":

„... Die große Inge Konradi ... Nach langem Zögern und „Ich mag net" stand sie dann eines Tages das erste Mal als Vortragskünstlerin auf der Bühne, las, spielte, heulte und lachte Gedichte von Trude Marzik. ... Die Konradi liest nicht, sie malt kleine, zauberhafte Bilder. ... Das Publikum geht mit, lacht, weint, applaudiert, ist begeistert. Und so was spielt in Wien nicht Theater.
Ihre Burg lässt sie links liegen. Eine Schande, eine Kulturschande, und ein Verrat an unserem Theater."

Jetzt ist sie tot. Man wird im Fernsehen etliches wiederholen. Was halt im Archiv vorhanden ist. Wenig genug.

Willy Kralik

Hat er eigentlich Feinde gehabt? Gibt es jemanden, der ihn nicht gemocht hat? Kaum denkbar. Willy hat, so weit ich ihn kenne, immer versucht, korrekt zu sein, nirgends anzuecken. Und sich gut zu benehmen. Und sich beängstigend gut zu benehmen. Der verkörperte gute Ton in allen Lebenslagen. Keiner konnte wie er den Handkuss zelebrieren, Vorbild jedes Benimmunterrichts. Und später, als wir einander schon lange kannten und zum Bussi-Bussi-Begrüßen übergegangen waren – keiner konnte so taktvoll auf die Wange küssen wie er.

Ein Gentleman vom Scheitel, dem makellosen, bis zur Sohle. Ihn sich unfrisiert vorzustellen, oder mit ungeputzten Schuhen – undenkbar. Dass er jemals die Contenance verlieren würde, ebenso undenkbar.

Wann und wie ich ihn kennengelernt habe, kann ich nicht nachvollziehen. Schriftliche Aufzeichnungen sind bei mir nur lückenhaft vorhanden, weil wir meistens, und das sparsam, telefonisch verhandelten. Unser erster Kontakt wird wohl ein Anruf seinerseits gewesen sein, mit dem er mich zu einer Radiosendung, einer Rundfunkplauderei, Studio Niederösterreich, in dem er damals in der Unterhaltungsabteilung das Sagen hatte, ins Funkhaus in der Argentinierstraße einlud. Es bedurfte da keiner großen Vorbereitungen. Und auch keiner großen Überredungskünste seinerzeit. Meist ging es darum, im Zusammenhang mit einem neuen Buch von mir ein kleines Gespräch zu führen, eventuell wurden ein paar Platten abgespielt, die durfte ich meist selber vorschlagen oder sogar aus meinem privaten Fundus mitbringen. Wir plauderten locker vor uns hin, gingen ohne viel Vorbesprechung aufeinander ein – angenehm. Manches wurde sogar live gesendet, daher habe ich von solchen Gesprächen nur wenig auf Kassette in meinem Fundus.

In besonders schöner Erinnerung sind mir etliche Turniere auf der Schallaburg, bei denen ich mitwirken durfte, sei es als Kämpfer, sei es als Schiedsrichter. Es fing immer mit einem Telefonat an. „Hast Zeit? Ich hätt dich gern für die Schallaburg!" Er brauchte mich nicht zu überreden, wenn ich Zeit hatte, sagte ich gerne zu, weil das eine vergnügliche Angelegenheit war. Schon die Fahrt war angenehm. Wir trafen uns im Funkhaus, zwei korrekte, pünktliche Menschen, und fuhren unter freundlichen Gesprächen zügig aber sicher in seinem Wagen – er war selbstverständlich ein ausgezeichneter Autofahrer – Richtung Melk. Die Strecke kannte er im Schlaf, und er wusste natürlich auch, wo er die Geschwindigkeit wegen der Radarkontrollen drosseln musste.

Ein besonders gelungenes Turnier fand im Jänner 1979 statt, mein Kontrahent war der damalige Landeshauptmann-Stellvertreter Hans Czettel, als Schiedsrichter fungierte der Landesintendant des Studio Niederösterreich, Dr. Paul Twaroch. Es hatte sich gefügt, dass wir beide, Hans Czettel und ich, Jahrgangskollegen waren, er in Ottakring, ich in Hernals geboren. Er, ein musischer Mensch, komponierte selber und konnte sich beim Singen auf der Gitarre begleiten. Malen tat er außerdem. Es war ein fröhlicher Nachmittag, die Stimmung bei Mitwirkenden und Publikum war glänzend. Dass Hans Czettel bald darauf, in viel zu jungen Jahren, einem Herzinfarkt erliegen sollte, konnte damals niemand ahnen.

Dieses Turnier wurde übrigens nach seinem Tod, zu seinem Andenken, im Radio wiederholt.

Ein anderes Mal hatte ich den beliebten Horst Chmela als

Turniergegner. Da Willy Kralik mit besonderem Vergnügen seine Mitwirkenden Dinge tun ließ, die sie normalerweise nicht tun durften, war es ihm ein Leichtes, mich zum Singen zu bringen. Öffentlich! Vor Publikum! Von dieser Sendung besitze ich sogar eine Tonkassette, und ich muss sagen, es klingt gar nicht übel.

Diese Turniere, deren Erfinder er war, erfreuten sich großer Beliebtheit beim Publikum. Er betreute sie, da sie ja sein Kind waren, mit großer Sorgfalt, suchte die jeweiligen Gegner mit Verstand und Geschmack aus und es gelang ihm auch jedes Mal, im Team der Mitwirkenden gute Stimmung zu erzeugen.

Ein solches Turnier wird mir unvergesslich sein, es bestand aus einer Kette von unvorhergesehenen Zwischenfällen und dokumentiert auch, wie souverän Willy Kralik sämtlicher Probleme Herr wurde. Ich habe darüber in einem meiner Bücher berichtet:

„Angenehmer als im Rundfunkkämmerlein zu reden, ist es, bei öffentlichen Veranstaltungen mitzuwirken, die vom ORF direkt übertragen werden. Vor Publikum aufzutreten ist viel vergnüglicher, man hat eine Reaktion, ein Echo, was für mich und meine Vorlesungen günstig ist. Allerdings ist eine solche Unternehmung, wenn sie live übertragen wird, ganz schön spannend. Neben der üblichen Mikrofonnervosität kommt noch die Angst dazu, dass etwas passieren könnte. Und mit Recht, wie ich aus eigener Erfahrung weiß.

Lassen Sie mich von einem Turnier auf der Schallaburg erzählen, zu dem ich als Schiedsrichter geladen war. Das Schiedsrichteramt erfordert keine besonderen Vorbereitungen. Man setzt sich hin, verteilt mit ein paar launigen Worten Schallaburg-Taler und Rosen an die Turniergegner, es kann eigentlich gar nichts schiefgehen.

Dachte ich. Es sollte anders kommen.

Zuerst brach in gewissen Teilen Niederösterreichs die Maul- und Klauenseuche aus, der Turnierort Schallaburg bei Melk lag im Sperrgebiet. Die Rundfunkleute beschlossen, ins nördliche Waldviertel auszuweichen und die Sendung in Allentsteig abzuwickeln.

Am Morgen rief mich Willy Kralik an, etwas verwirrt, wie mir schien, was ich an ihm, dem Ruhigen und Besonnenen, gar nicht gewöhnt war. In Wien sei eine Jugenddemonstration angesagt, darum könne man mit der Mitwirkung von Horst Friedrich Mayer, der als Turnierkämpfer vorgesehen war, nicht rechnen, der sei im aktuellen Dienst des Fernsehens unabkömmlich.

„Nimm deine Bücher mit!" sagte er nervös. „Die Musiker hab ich schon verständigt, wenn alle Stricke reißen, machen wir einen musikalischen Nachmittag mit Gedichten!"

Aus war's mit meiner Gelassenheit und der Aussicht auf ein friedliches Jurorendasein.

Aber es sollte noch schlimmer kommen.

Meine gesammelten Werke im Marschgepäck, fand ich mich pünktlich im Funkhaus ein, um mit Willy Kralik zum Turnierort zu fahren. Wir brachen auf, reichlich spät für meine Begriffe, denn die Sendung sollte um 16 Uhr beginnen. Aber Willy hatte seine Ruhe wiedergefunden und lenkte sogar noch auf den Küniglberg, um dort vielleicht doch noch den Dr. Mayer vom aktuellen Dienst losreißen zu können.

Der musste nur schnell ein paar Anweisungen für die Berichterstattung zur Demonstration geben, dann setzte er sich zu uns ins Auto.

Inzwischen war die Zeit nicht stehengeblieben, und Allentsteig ist weit. Wir fuhren. Immer nach Norden. Bei regem Ausflugsverkehr. Kralik war die Ruhe selbst. Beglückt tätschelte er uns die Hände. „Wenn ich alle in meinem Wagen habe, bin ich beruhigt. Da kann nichts mehr passieren!" sagte er munter. „Verschrei nichts!" warf ich ein. „Es fehlt ja noch Bruno Dallansky!" Dallansky, der bekannte Schauspieler und zweiter Turnierkämpfer, kam direkt von seinem Bauernhof im Waldviertel. Kein Problem, meinte Kralik, und er sah noch immer glücklich drein.

Oh, mein prophetisches Gemüt.

Der Weg zog sich. Es war bereits 15.30, und von Allentsteig noch keine Spur. Um 15.45 endlich ein Wegweiser „Allentsteig 6 km".

15.50 war der Ort erreicht, ein freundlicher Gendarm hatte vor einem Gasthaus einen Parkplatz freigehalten, wir stürmten in den Saal. Der war vollbesetzt, die Rundfunktechniker hatten bereits alles vorbereitet, die Musiker waren auch anwesend, alles schien in Ordnung. Willy Kralik atmete auf.

„Und wo, bitte, ist Bruno Dallansky?" wagte ich zu fragen und tastete bereits nach meiner Büchertasche.

Kralik erblasste, befragte Wirt und Kellner, ob jemand Herrn Dallansky gesehen habe, aber er traf nur auf verständnislose Blicke.

15.58. Um 16.05 ertönt die Fanfare, und die Sendung fängt an. Live!

In allerletzter Minute tauchte der gefeierte Mime auf, er war im wahrsten Sinne des Wortes ins Schleudern geraten auf einem vereisten Straßenstück.

Da erklang schon die Fanfare, ich erklomm das Podium, noch mitgenommen von den Aufregungen der letzten Minuten. Die wackeren Kämpfer, Dr. Mayer und Dallansky, „ritten ein", das Turnier nahm seinen Lauf.

Hinterher sagte mir eine Freundin, die mich gut kennt und die Sendung im Radio verfolgt hatte: „Ich weiß nicht, deine Stimme war anders als sonst. „Mir kommt vor, du warst ein bissel nervös ...!"

Solche Erlebnisse schaffen natürlich eine besonders enge Beziehung. Wir waren befreundet, und jedes Mal, wenn wir einander zufällig trafen, bei einer Premiere oder einer Vernissage, gab es eine herzliche Umarmung. Ich war auch bei seinen zahlreichen Ehrungen eingeladen. Bei der Präsentation seines Buches etwa, oder als die Willy Kralik-Torte vorgestellt wurde, bei der Feier seines 70. Geburtstages und natürlich auch bei der Verleihung des Goldenen Ehrenzeichens.

Als langjähriger Single war er bei den meisten Gelegenheiten alleine anzutreffen. Seit seiner Heirat mit der bezaubernden Jenny, die hervorragend zu ihm passte, trat er nur mehr im Doppelpack auf.

Man sagt ihm nach, dass er von besonders hartnäckiger Liebenswürdigkeit gewesen sei, und, was immer er sich in den Kopf gesetzt hatte, mit eben dieser Liebenswürdigkeit durchsetzte. Bei mir brauchte es keiner besonderen Überredungskunst, um mich zu irgendeiner Mitwirkung zu veranlassen. Eine Sendung mit ihm war vergnüglich, das wusste ich von vornherein.

Doch einmal musste er mich überreden. Er hatte von Erika Conrads den Auftrag bekommen, für ihren Mann eine Geburtstagsfeier zu seinem Siebziger auszurichten, keine offizielle, eher eine im kleinen Kreis (der damals etliche hundert Personen umfasste). Ich sollte für diesen Anlass eine Laudatio, nach Möglichkeit eine gereimte, verfassen.

Eine solche Aufgabe schien mir zu heikel. Heinz Conrads, der bekanntlich mimosenhaft angerührt war, mit Lob zu überhäufen, lag mir nicht. Heiter und satirisch zu reimen, konnte von ihm allzuleicht als beleidigend empfunden werden, ich hätte einen Feind mehr. Ich lehnte also ab.

Aber da lernte ich den sanften, liebenswürdigen Willy in seiner ganzen Hartnäckigkeit kennen. Er ließ nicht locker, bis er endlich meine Zusage hatte.

Es war ein schweres Stück Arbeit, das muss ich sagen ... Aber wer konnte einem Willy Kralik widerstehen!

Hat er eigentlich Feinde gehabt? Gibt es einen Menschen, der ihn nicht mochte?

Anton Krutisch

Den Toni habe ich das erste Mal im Fernsehen gesehen, in einer Conrads-Sendung. Er hat ein eigenes Gedicht so gut vorgelesen, dass es mir einen Riss gab.

Das ging nicht nur mir so. Ganz Wien horchte auf, und im Nu war der Krutisch Toni bekannt.

Persönlich habe ich ihn auf dem Küniglberg getroffen, vor einer Fernsehsendung, in der etliche Mundartdichter zu Gast geladen waren. Er stand im Vorraum zum Studio, ich kam die Treppe hinauf, wir haben einander gleich erkannt und freudig begrüßt. Die Freude war von beiden Seiten echt. Wir versicherten uns gegenseitig unserer Wertschätzung – es war, als ob man einander schon jahrelang kenne. Also sagten wir uns spontan gleich bei unserer ersten Begegnung, schon im Vorraum, „Du", und betraten das Aufnahmestudio als die besten Freunde.

„Aber was du kannst, kann i net!" sagte der Toni treuherzig.

Dabei konnte er eine ganze Menge. Er war ein echter, unverfälschter Meidlinger, manchmal ein bissel deftig, aber voller Humor. Am liebsten war es mir, wenn er seine Gedichte selber vortrug.

Vor Publikum habe ich ihn leider nie gesehen. Man sagt mir, dass er immer einen Notenständer mit sich führte und eigenhändig aufbaute, bevor er mit seinem Vortrag begann.

Wir sind zwar ein paarmal in denselben Veranstaltungen aufgetreten in der Vorweihnachtszeit. Ich im ersten, besinnlichen Teil, Toni im heiteren zweiten Teil. Wenn er eintraf, war ich schon weg. Einmal haben wir uns in der Garderobe getroffen, da hat er mich um ein Photo, mit Widmung, gebeten.

Ich habe ihm zwei Photos geschickt, und ein Verserl dazu:

„Du willst von mir a Bildel haben,
und, wann's leicht geht, mit Autogramm.

Natürlich geht's, und leicht geht's aa,
doch weilsd es Du bist, kriagst glei zwaa.

Des ane – s is schon länger her –
zeigt mi am Anfang der „Karriere",

noch leidlich knusprig, hoffnungsfroh.
Und heut, da schau i aus a so.

Man kann halt sagen, was ma will:
Die Zeit (nach Nestroy) ändert viel."

Die Zeit änderte offenbar auch für den Toni viel. Der Ruhm hatte ihn erst in recht reifen Jahren ereilt. Jetzt war er auf einmal überall gefragt, bei bunten Abenden, beim Heurigen. Seinen Beruf übte er noch aus, und so hat er sich wohl zu viel zugemutet.

Sein Ende ist für seine Freunde und Verehrer viel zu früh gekommen. Man hätte noch manches Buch von ihm erwarten können, sich noch an seiner großartigen Vortragsweise erfreuen können.

Schad um ihn.

Alexander Lernet-Holenia

Er war noch ein echter „poeta laureatus". Auf seiner Todesanzeige füllte die Auflistung seiner Orden, Ehrenzeichen und Preise vierzehn Zeilen.

Indirekt habe ich ihn schon lange gekannt, weil mein lieber Freund Lambert seit Jahrzehnten eine Art getreuer Eckermann des großen österreichischen Dichters war. Ich wusste, wo er wohnte, wann er Geburtstag feierte, woran er arbeitete, wann er aufs Land fuhr.

Getroffen habe ich ihn allerdings erst im Hause von Freunden zu einer Zeit, als ich selber schon ein paar Bücher veröffentlicht hatte. Deshalb sah ich dem persönlichen Kennenlernen mit großer Scheu entgegen. Denn jetzt war ich nicht nur Leserin, sondern eine, wenn auch unbedeutende, Kollegin.

Zum Glück passierte etwas, das mir die Scheu nahm.

Wir saßen schon beim Aperitiv beisammen, nur die Lernets fehlten noch. Endlich klingelte es, die Gastgeber eilten ins Vorzimmer zur Begrüßung. Plötzlich, ohne Vorwarnung, totale Finsternis. Kurzschluss. Die Hausfrau seufzte auf, lotste die Gäste am Händchen ins finstere Zimmer, machte bekannt. Man betastete einander zur Begrüßung, und dann verlangte der elegante Alexander Lernet-Holenia einen Sessel, bestieg ihn, begutachtete den Sicherungskasten und reparierte den Kurzschluss.

Der Abend verlief bei strahlendem Licht äußerst harmonisch und locker.

Beinahe wäre mir die Ehre zuteil geworden, den Dichter und seine Frau noch in meinem uralten VW Käfer heimführen zu dürfen. Davor hätte ich große Scheu gehabt. Erstens, weil mein Auto unendlich schäbig, verrostet und eines Dichters, eines wahren Dichters unwürdig war, zweitens, weil auch meine Fahrkünste mir nicht ausreichend schienen, um für einen so bedeutenden Mann die Verantwortung übernehmen zu können. Zum Glück war mein Wagen aber mit meinen alten Winterreifen vollbeladen, die ich auf den Rücksitzen verstaut hatte, sodass sich die Transportfrage mit Hilfe eines Taxis lösen ließ.

Die Buchwoche fand damals in der Hofburg statt, und da Lernet in der Hofburg wohnte, schaute er vorbei, als ich eine Lesung hielt. Der Saal war übervoll, kein Sitzplatz mehr frei. Viele Besucher standen, manche junge Leute hockten auf dem Fußboden.

Die Lesung hatte bereits begonnen, als er hereinkam, daher konnte ich mich nicht um einen Platz für den alten Herrn kümmern, nahm aber an, er würde unter diesen Umständen nicht bleiben. Doch Lernet-Holenia, ganz alter Offizier, blieb in tadellos aufrechter Haltung stehen und hörte sich die ganze Lesung interessiert an.

Für mich war das eine große Ehre.

Dass aber keiner der jüngeren Zuhörer ihm zuliebe aufgestanden war, gereicht dem literarisch interessierten Publikum nicht zur Ehre.

Vermutlich hat ihn niemand erkannt ...

Fred Liewehr

Fred Liewehr – wer von den jungen, wer von den nicht mehr ganz jungen Leuten kennt ihn noch? Kaum jemand. Dabei ist er erst im Jahr 1993 gestorben. Sicher, es ist in den letzten Jahren still um ihn geworden. Im Theater trat er kaum mehr auf. Gelegentlich schenkte er seinem Publikum noch eine Lesung oder eine Plauderei, aber immer im kleinen Kreis, im Rahmen einer Matinee oder der einen oder anderen Kulturveranstaltung außerhalb Wiens.

Er geriet auch bei denen, die ihn noch in seiner Glanzzeit gesehen hatten, allmählich in Vergessenheit.

Als ich, vierzehn- oder fünfzehnjährig, die ersten Klassikeraufführungen im Burgtheater sah, (Sonntag nachmittags, zu halben Preisen) und von da an dem Haus verfallen war, befand sich Fred Liewehr schon auf der Höhe seiner Laufbahn. Sein Romeo, Don Carlos, sein Prinz von Homburg sind mir und vielen meiner Altersgenossinnen unvergesslich. Es war diese Einheit von Erscheinung und Stimme, von jugendlich feuriger Ausstrahlung, die man an ihm liebte. Der Heldenjüngling, der Liebhaber. Einen schöneren, romantischeren Romeo kann man sich nicht vorstellen. Er wurde geliebt und verehrt von den Zuseherinnen aller Altersstufen, vom Backfisch, wie damals die Teenager hießen, bis zur Großmama.

Er war aber auch beinahe unerträglich schön. Besonders gut sah er in Trikots aus, in weißen als Romeo, in schwarzen als Don Carlos. Seine Beine waren makellos. Da nichts vollkommen ist, war er schon in jungen Jahren durch schütteren Haarwuchs geplagt, und da es damals undenkbar war, Liebhaber mit Glatze zu spielen, stellte er seine romantische Erscheinung durch perfekt gearbeitete Perücken wieder her, sanft gewellt oder gelockt, in allen Haarfarben, die seine Rollen verlangten.

Mir, das muss ich bekennen, war er zu schön. Die Erscheinung, die Melodie der Stimme – mir war's zu viel.

Gewiss, ich habe ihn geschätzt, ihn gerne gesehen. Lieber waren mir aber schon damals die Komiker, etwa Ferdinand Maierhofer oder Hermann Thimig. Viele meiner Freundinnen jedoch verehrten Fred Liewehr glühend, belagerten das Bühnentürl, um auf ihn zu warten. Besonders Kühne verfolgten ihn nach der Vorstellung sogar bis nach Hause.

Er war ein wesentlicher Bestandteil des Burgtheaters, wie ich es kannte und liebte, in meiner Mittelschulzeit, in der wir emsige Stehplatzbesucherinnen waren und die herrlichsten Aufführungen genossen, in denen er, der „Fredi", wie wir ihn zärtlich nannten, fast immer die Liebhaber und jugendlichen Helden spielte.

Zum Bühnentürl bin ich allerdings nie gegangen, es wäre mir kindisch vorgekommen und peinlich gewesen. Auch Autogramme habe ich nicht gesammelt, und so kam es, dass ich ihn nur auf der Bühne, aber nie privat sah.

Die Jahre vergingen, „Fredi" feierte in der Volksoper als Operettentenor Triumphe und wechselte am Burgtheater ganz sacht ins reifere Fach. Was ihm in der Operette an Stimme fehlte, machte er durch Charme und elegante Erscheinung mehr als wett.

Allmählich wurde er füllig, stattlich, war aber immer noch fesch und gut anzusehen.

Bis dann der schreckliche Autounfall geschah, der ihm das edle Gesicht grausam verunstaltete und sogar ein Auge nahm. Für jeden Durchschnittsmenschen ein schlimmer Schicksalsschlag, für einen schönen Menschen wie Fred Liewehr ganz besonders hart. Die Ärzte flickten ihn wieder leidlich zusammen, aber das Gesicht blieb entstellt.

Lange Zeit hindurch trat er nicht mehr auf, später konnte man ihn noch gelegentlich als Kaiser Franz Josef sehen in der Volksoper, der kaiserliche Backenbart erwies sich als barmherzig, und die Stimme tönte warm und makellos wie vorher.

In jener späten Zeit, nach einer Matinee in Gablitz, lernte ich ihn endlich persönlich kennen. Nach der Veranstaltung saß man noch im kleinen Kreise beim Mittagessen beisammen. Er war mein Gegenüber bei Tisch, ein durchaus angenehmes Gegenüber. Freilich, die Schönheit war dahin, das hatten der grässliche Unfall und das Alter mit sich gebracht. Aber er besaß, was ich nicht vermutet hätte, Humor, und er war ein glänzender Anekdotenerzähler.

Wäre ich als junges Mädchen ihm gegenüber gesessen, hätte ich sicher Herzklopfen bekommen. Jetzt, als alte Leute, saßen wir fröhlich plaudernd beisammen, und es war gut.

Zu seinem 80. Geburtstag, im Juni 1989, plante der Gablitzer Kulturkreis eine besondere Matinee. Unter dem Titel „Unser Lehrer hat Geburtstag" gelang es dem Organisator Herbert Rischanek-Kosnadol, selber aus dem Reinhardt Seminar hervorgegangen und ehemals Schüler Liewehrs, in mühevoller aufopfernder Arbeit eine große Zahl ehemaliger Schülerinnen und Schüler des Geburtstagskindes in Gablitz zu versammeln und mit ihnen eine Feier einzustudieren, die ihresgleichen suchte.

Ich kann und will hier nicht aufzählen, wer aller mitwirkte, es gäbe eine Reihe klingender prominenter Namen. Und jeder Künstler sang, rezitierte oder sprach ein paar liebe Worte. Es war eine unendlich rührende Feierstunde, und auch das Publikum, das sich in dem kleinen Raum drängte, konnte die große Liebe und Verehrung spüren, die seine Schüler, nun selbst schon berühmt und gereift, ihm entgegenbrachten.

Bei manchen Beiträgen bat man mich um Hilfe, und so habe ich für Christine Ostermayer eine Neufassung des Couplets „Die Männer habens guat" der Salome Pockerl verfasst, für Rudolf Buczolich und Herbert Kucera ein Duett nach dem bekannten „Schlag nach bei Shakespeare", Elisabeth Stiepl trug eine Variation des Kästner-Gedichtes „Ein Fräulein beklagt sich bitter" vor, das mit den Worten beginnt: „Du bist so schön und bist als schön bekannt" –, was sich unschwer zu einem Hymnus auf den Jubilar umarbeiten hatte lassen.

Den Vogel allerdings schoss der Sohn des Geburtstagskindes ab, Florian, genannt „Flo". Für ihn hatte ich das berühmte „O mein Papa" aufbereitet. Erst zierte er sich, aber dann sang er es doch, und es gelang ihm so gut, dass sich große Rührung bei allen breitmachte. Es war ein wunderschönes, herzerwärmendes Familienfest. Der Jubilar war bewegt, die Mitwirkenden ebenfalls. Auch ich habe mich gefreut, zum Gelingen dieses seltenen Festes beitragen zu dürfen.

Für die vielen Glückwünsche – und es müssen wirklich unzählige gewesen sein – zu seinem Achtziger bedankte er sich mit einer vorgedruckten Karte. Auf meine fügte er ein paar handschriftliche Dankesworte hinzu.

Eines Tages rief er mich an, außerordentlich höflich, Kavalier der alten Schule, „Frau Trude" nannte er mich, Gipfel der Vertrautheit, und fragte, ob ich nicht gewillt sei, seine Lebenserinnerungen mit ihm für ein Buch zu erarbeiten. Nach kurzem Nachdenken erklärte ich mich bereit, es zu versuchen. Die Tragweite meiner Zusage war mir durchaus klar: Es würde monatelange mühsame Arbeit mit einem schwierigen, sensiblen Künstler bedeuten, viele langwierige Recherchen, wühlen in Kritiken und Bilddokumenten.

Von den jungen Leuten kannte ihn kaum jemand mehr und seine alten Verehrer, die Theaterbesucher von seinerzeit, wurden immer weniger. Es würde kein Bestseller werden, dieses Buch. Trotzdem habe ich zugestimmt, mich dieser Aufgabe zu unterziehen, wohl aus sentimentalen Gründen. Das Buch, wie ich es mir vorstellte, sollte nicht nur eine Hommage für ihn, sondern vor allem für das Burgtheater unserer Jugendjahre werden, das nun unwiederbringlich dahin war. Nur so konnte ich es mir vorstellen, nur so hätte ich es schreiben wollen.

Ich begann mit den Vorarbeiten.

Und da, auf einmal, wollte er nicht mehr.

Der Verlag versuchte ihn zu überreden. Vergebens. Ich hielt mich bedeckt, redete ihm nicht zu und nicht ab. Er könne es sich nicht zumuten, erklärte er mir am Telefon, es würde ihn zu sehr anstrengen und aufregen.

Das war zu akzeptieren.

Ich war mit dieser Lösung ganz zufrieden. Wer weiß, wieviel Schwierigkeiten ich mir durch seine Absage ersparen würde.

Im 85. Lebensjahr ist er dann gestorben, betrauert von seiner Familie und den vielen Schülern und Schülerinnen aus dem Seminar, aber auch von den Theaterbesuchern, die ihn noch auf der Höhe seiner Laufbahn gekannt und verehrt hatten.

Dem so überaus vollkommenen Fred Liewehr hätte eines nicht passieren dürfen: Er starb am 19. Juli. Ein Schauspieler hat nicht in den Theaterferien zu sterben! Die Trauerfeier wurde deshalb in den Herbst verlegt – aber das war nicht mehr ganz das Richtige.

Das Burgtheater hatte seinen Doyen verloren, und es war gar nicht leicht, einen würdigen Nachfolger zu finden. Es gibt da nämlich sehr strenge Bestimmungen im Burgtheater.

Josef Meinrad

Zur Enthüllung der Gedenktafel
an seinem Geburtshaus
17. Bezirk, Ferchergasse 17

Es gibt Berufenere, über Josef Meinrad zu reden – Theater-
wissenschaftler oder Schauspielerkollegen. Man hat sich
für mich entschieden, die Hernalserin, die im selben Grätzel
geboren und aufgewachsen ist, er in der Ferchergasse im
Jahre 1913, ich in der Hauptstraße, zehn Jahre später.

Es ist nicht anzunehmen, dass wir uns damals über den
Weg gelaufen sind.

Mir ist er erst viel später aufgefallen, im Jahre 1946. Ich
war gerade aus Salzburg zurückgekehrt, nach Kriegsende
ausgehungert nach Theatererlebnissen. Im Theater die Insel,
damals von Leon Epp geleitet, gab es einen selten gespielten
Shakespeare, „Zwei Herren aus Verona", und da habe ich
ihn entdeckt. Für mich entdeckt, denn er war ja längst ein
erfahrener Schauspieler, in Deutschland, aber bei uns noch
wenig bekannt. Er spielte einen Diener, „Lanz", ein naives
Geschöpf, einen Hund am Schnürl hinter sich nachziehend.
Von der Aufführung weiß ich nichts mehr; ich weiß nur,
dass ich aufgeregt im Programmheft nachgelesen habe, wer
denn dieser zauberhafte Diener war. Denn schon damals
hatte er diese gewisse Ausstrahlung, die man nicht lernen
kann. Von Josef Meinrad ging immer ein Strahlen aus.

Dass er ab 1947 im Burgtheater zu sehen war, hat mich
sehr gefreut, erstens, weil er eine Bereicherung des Ensembles war, zweitens, weil ich stolz war, dass meine Spürnase
für Talente recht behalten hatte.

Und dann kam für mich als begeisterte Burgtheaterbesucherin eine wunderbare Zeit. Was hat er nicht alles gespielt: Bleichenwang, den Zettel, unzählige Raimund- und Nestroyrollen, unvergesslich sein Valentin. Ich habe das alles noch live erlebt, welches Glück. Man spricht so oft von der Gnade der späten Geburt. Politisch mag das stimmen. Was das Theater betrifft, tun mir die Spätgeborenen Leid. Wenn ich an die legendäre Aufführung „Bauer als Millionär" in Salzburg denke, mit der Traumbesetzung Paula Wessely, Christiane Hörbiger, Hans Moser, und eben Josef Meinrad als Fortunatus Wurzel ...

Sein Liliom – gar nicht seine Rolle, und doch war er so echt und glaubhaft. Sein köstlich böhmakelnder Theodor als „Unbestechlicher".

Aber auch im Musical, als dankenswert wortdeutlicher Higgins, als bewegender, zu Tränen rührender Mann von La Mancha – alles das konnte der Pepi aus Hernals. (Die sprachliche Leistung ist für ein Wiener Vorstadtkind bekanntlich besonders hoch einzuschätzen, hochdeutsch ist für uns in Wien ja eine Fremdsprache!)

Ich habe ihn persönlich nie kennengelernt, und auch, dass er aus Hernals stammt, habe ich erst recht spät erfahren. Allerdings: zweimal gab es doch eine persönliche Begegnung. Einmal, beim 80. Geburtstag von Hans Weigel, 1988 im Wiener Rathaus. Weigel hatte sich von ihm das Hobellied gewünscht, und sehr zum Entsetzen von Inge Konradi, die mit mir an einem Tisch saß, („Der Pepi scheißt sich doch bei sowas genauso an wier i!" flüsterte sie.) ist er dann, ohne Bühne und Podium, also zu ebener Erd, aufgestanden und hat gesungen. Prompt ist er hängengeblieben, bei einem Lied, das er hundertmal gesungen hat. Vor Aufregung.

Ein Jahr später, 1989, hat die Hernalser Marienkirche ihr

100-Jahr-Jubiläum gefeiert, im Klemens Hofbauer-Saal, mit einem bunten Programm. Ich war zur Mitwirkung eingeladen. Auf dem Programmzettel stand auch Josef Meinrad, längst Kammerschauspieler und Iffland-Ring-Träger, er sollte zwei Couplets singen. Ehrlich gestanden – Papier ist geduldig – habe ich nicht geglaubt, dass er kommt. Aber er ist der Kirche seiner Kinderjahre (auch meiner Kinderjahre) treu geblieben, ist tatsächlich erschienen und hat brav gesungen, wieder das Hobellied, diesmal auf der Bühne und ohne steckenzubleiben. Mir bleibt das erhebende Bewusstsein, einmal im Leben mit dem großen Josef Meinrad gemeinsam aufgetreten zu sein.

„Dem Mimen flicht die Nachwelt keine Kränze", heißt es bei Schiller. Das mag stimmen. Die Welt ist schnelllebig geworden und auch der größte Künstler gerät schnell in Vergessenheit. Wir flechten keine Kränze. Wir haben uns hier versammelt, um eine Gedenktafel zu enthüllen, im dankbaren Gedenken an ein Kind unserer Hernalser Vorstadt, das ein großer Künstler und großer Mensch geworden ist.

Schiller war schlecht dran, zu seiner Zeit gab es keinen Film und kein Fernsehen, da war das Vergessen vorprogrammiert. Uns geht es besser, die Technik hilft, ein bisschen von dem zu bewahren, was Josef Meinrad war. Die Erinnerung mag manches verklären, aber anhand des Fernsehprotokolls lässt es sich heute nachprüfen: Er war wirklich so gut. Seinesgleichen gibt es nicht mehr, schweren Herzens müssen wir das feststellen.

Aber wir sollen auch dankbar sein, dass es ihn gegeben hat. Er hat unser Leben bereichert.

Walther Reyer

Unzählige Hauptrollen hat er gespielt, klassische meist, leidenschaftliche jugendliche Helden quer durch die Weltliteratur. Vor allem am Burgtheater, dem er seit 1955 angehört hat. 1956 war er bereits Don Carlos, 1976 Rudolf von Habsburg.

Man hat ihn zum Kammerschauspieler ernannt, seine männliche Ausstrahlung machte ihn zum Liebling der Damen. Und das nicht nur auf der Bühne.

Mir besonders in Erinnerung ist sein Max Piccolomini, mit dem klugen Paul Hoffmann als Octavio Piccolomini. Die große Auseinandersetzung zwischen Vater und Sohn geriet ihnen zu einem noblen intellektuellen Duell.

Dabei war Walther Reyer kein Kopf-Schauspieler. Er brachte seine Männlichkeit ein, deshalb war er als Grenzjager in Schönherrs „Weibsteufel" absolut rollendeckend. Und – mir unvergesslich – sein Petruchio in „Der Widerspenstigen Zähmung" mit Inge Konradi als Katharina. Da sprühten die Funken, die erotischen, bis hinauf zum Balkon, dass die Damen im Publikum wohlig aufseufzten.

Ein Naturbursch, der es nicht notwendig hatte und vermutlich auch gar nicht besonders interessiert daran war, Frauen nachzustellen. Das haben die Damen vermutlich selbst gern und oft besorgt.

Ich habe Walther Reyer durch einen Jugendfreund kennengelernt, der ihn noch aus seiner Anfängerzeit kannte und eine Zeitlang als eine Art Privatchauffeur fungierte, weil Reyer, wie seltsam, keinen Führerschein besaß.

Wir hockten ein paar Mal in einem kleinen Beisel beisammen und tratschten. Er war damals schon ein berühmter Burgschauspieler, aber angenehm im Umgang, gänzlich ohne Allüren, und seinem köstlichen Tiroler Akzent freien Lauf lassend.

Das letzte Mal habe ich ihn vor ein paar Jahren auf der Bühne gesehen, im Theater Akzent, als humorvoller Heiliger Petrus in dem Volksstück „Der Brandner Kaspar schaut ins Paradies". Auf dem Weg zum Theater sind wir einander über den Weg gelaufen und haben uns kurz die Hand geschüttelt.

Wenn man nur wüsste, wann etwas das letzte Mal ist …

Marianne Schönauer

Kennengelernt haben wir einander im Kneippkurhaus Marienkron, im März 1977. Wir weilten beide dort zur Kur, und die liebe Schwester, die den Speisesaal betreute und einen Blick dafür hatte, wer zu wem passen könnte, setzte uns an denselben Tisch. Eine kluge Frau. Denn wir waren in kürzester Zeit in ein anregendes Gespräch vertieft. (Wenn ich es genau betrachte, haben wir die Jahre hindurch nie mehr aufgehört, uns anregend zu unterhalten.) Die mir natürlich von Film und Theater her wohlbekannte, auch bei Tageslicht und im Alltagsgewand wunderschön anzusehende Frau war damals deprimiert und bemüht, eine unangenehme Angelegenheit – sie hatte gerade ein Restaurant irgendwo im Süden Wiens schließen müssen – zu bewältigen, wie sie mir andeutete. Aber es gab genügend andere Themen, die uns beide interessierten. Der Gesprächsstoff ging uns nicht aus. Und wir waren entschlossen, die Verbindung nicht abreißen zu lassen.

Schon im April habe ich mich bei ihr brieflich gemeldet, um ihrer Einladung, sie im Theater zu besuchen, Folge zu leisten. Sie spielte damals in den Kammerspielen „Der keusche Lebemann", ich habe noch das Programm, es wird einem ganz wehmütig, wenn man die Besetzung liest: Max Böhm, Alfred Böhm ... Mit solchen Künstlern lässt sich leicht Komödie spielen! Wir sind nach der Vorstellung noch ein bisschen zusammengesessen in irgendeinem Lokal. Lilianette war auch dabei – meine Idee, ich wollte die beiden Damen zusammenbringen, ich dachte, sie würden sich gut verstehen. Das war ein Irrtum meinerseits. Damals wusste ich noch nicht, dass die liebe Marianne sehr kritisch sein konnte, besonders, wenn es um andere Frauen ging. Nun gut, wir würden diesen Versuch nicht wiederholen. Wir dürften uns öfter getroffen haben, denn im August, einem Brief nach zu schließen, waren wir bereits per „Du". In diesem Brief habe ich ihr etliche Texte, Gedichte und Chansons geschickt, die sie meiner Meinung nach für einen Vortragsabend verwenden könnte. (Keine von mir vorderhand.)

Aber nur drei Tage später habe ich ihr, ebenfalls schriftlich, ausführliche Vorschläge gemacht für eine Programmserie, die sie zusammen mit dem Landeshauptmann Hans Czettel plante, diesmal auch mit einem Hinweis auf meine Bücher, damals 5 an der Zahl. Außerdem hat sie sich von mir eine Art Einleitung zu diesen Veranstaltungen gewünscht. Ob sie jemals verwendet wurde, weiß ich allerdings nicht.

Einleitung zu Seniorenveranstaltungen

Begrüßung je nach Situation „Meine sehr geehrten Damen und Herren" oder „Liebe Freunde" oder „Genossinnen"
oder was halt sonst erforderlich ist.

Guten Abend, darf ich mich vorstellen, mein Name ist Marianne Schönauer.

Ich weiß, es ist üblich, dass man bei solchen Anlässen von jemand anderem vorgestellt wird, von einer prominenten Persönlichkeit des Ortes, etwa vom Bürgermeister oder vom Schuldirektor. Der redet dann große Worte, und weil er es gut meint, spricht er von Rollen, die man gar nicht gespielt hat und verleiht einem Titel, die man gar nicht besitzt. Mir ist sowas immer ein bisschen peinlich, und darum habe ich gebeten, mich selber vorstellen zu dürfen. Also, wie gesagt: Marianne Schönauer. Von Beruf Schauspielerin. Geboren in Wien, wohnhaft in Wien, zwei beinahe erwachsene Töchter. Zwillinge.

Ich bin am Theater in der Josefstadt engagiert und an den Kammerspielen (die beiden Theater gehören nämlich zusammen) Vielleicht sind wir uns schon einmal begegnet, im Theater oder auf dem

Fernsehschirm. Manche von Ihnen erinnern sich möglicherweise daran, dass ich seinerzeit die „Sissy" gespielt habe, man hat nämlich behauptet, ich hab der Kaiserin Elisabeth ähnlich gesehen.

Viele von Ihnen werden sich wundern: So schaut eine Schauspielerin in der Nähe aus!

Ich glaube, die meisten Leute machen sich von einer Schauspielerin ganz falsche Vorstellungen. Eine Schauspielerin ist eine Frau wie andere Frauen auch, sie hat ihren Haushalt, ihre Familie und ihre Sorgen. Während sie sich in der Garderobe schminkt und für die Vorstellung in das elegante Kleid schlüpft, das ihr nicht gehört, denkt sie vielleicht, ob die Kinder zuhause die Aufgabe gemacht haben. Und während sie die große Liebesszene spielt, fällt ihr plötzlich ein, dass sie morgen bügeln muss. Und wenn sie sich am Schluss der Vorstellung vor dem Vorhang strahlend verbeugt, überlegt sie, was sie morgen kochen soll.

Es gehört viel Disziplin zum Schauspielerberuf. Man darf sich nicht anmerken lassen, wenn einen der Alltag drückt oder wenn einen irgendein Wehwehchen zwickt.

Und eines Tages werden die kastanienbraunen Haare silbrig, aus dem „Bräunl" wird ein „Schimmerl", wie es der Ferdinand Raimund so schön gesagt hat. Und wenn aus dem „Bräunl" ein „Schimmel" geworden ist, ist es natürlich aus mit der „Sissy". Man kommt allmählich ins „ältere Fach", wie das bei uns in der Theatersprache heißt.

Das ist nicht weiter schlimm. Denn auch im sogenannten „älteren Fach" gibt es dankbare Aufgaben – übrigens nicht nur bei den Schauspielern, das gilt eigentlich für alle ...

Vielleicht erinnern Sie sich noch an die Fernsehserie „Wenn der Vater mit dem Sohne" – da habe ich die Sekretärin in mittleren Jahren gespielt, oder an das „Hotel Sacher", wo ich die Hoteldirektorin darzustellen hatte. Das hat mir viel Spaß gemacht.

Und so macht mir auch viel Freude, zu Ihnen herauszukommen nach Niederösterreich, Ihnen etwas vorzulesen oder etwas vorzusingen und mit Ihnen zu plaudern.

Für heute habe ich mir etwas Besonderes zurechtgelegt: Aus der Zeit, in der wir jung waren, habe ich ein paar Lieder zusammengesucht, von denen ich hoffe, dass Sie sie gerne wieder hören. Geht's Ihnen auch so wie mir, dass Ihnen die Lieder von damals besser gefallen als die von heute?

Ich weiß nicht, ob sie wirklich besser waren oder ob sie uns nur deshalb so gut gefallen, weil wir durch sie an unsere Jugend erinnert werden.

Apropos Jugend: Damit in unsere älteren Jahrgänge auch ein bisserl jugendlicher Schwung kommt, habe ich Ihnen einen jungen Mann mitgebracht, den Herrn Czettel, der nicht nur der Sohn von Landeshauptmann Czettel, sondern auch ein tüchtiger Musiker ist. Er wird mich und Sie auf unseren musikalischen Streifzügen begleiten. Und nun viel Vergnügen mit Melodien von seinerzeit.

Das Jahr 1977, in dem unsere Freundschaft begann, war voll mit Telefonaten, Briefen, Plänen für Auftritte. Und wir fanden bald heraus, warum wir uns auf Anhieb so gut verstanden: Marianne war am 31. Mai geboren, ich am 6. Juni – also Zwillinge! Es versteht sich von selbst, dass wir von nun an, die vielen Jahre hindurch, unseren Geburtstag gemeinsam feierten, mit ein paar guten Freunden, meist beim Heurigen in Nussdorf.

Als sie vom Theater in der Josefstadt pensioniert wurde, machte sie häufiger Lesungen in Stadt und Land und wurde überall begeistert aufgenommen. Ich profitierte davon, weil die verehrte Künstlerin oft und gerne aus meinen Büchern vorlas, vermied es allerdings, bei solchen Veranstaltungen dabei zu sein, weil es für einen Vortragenden nicht angenehm ist, wenn der Autor im Publikum sitzt.(Für den Autor übrigens auch nicht.)

Marianne war eine begnadete Gastgeberin, vor allem aber eine begnadete Köchin. Menschen, die sie mochte, zu bekochen, war ihre Passion. Nachdem das Experiment mit einem eigenen Esslokal fehlgeschlagen war, beschränkte sich ihre Kochleidenschaft auf das häusliche Ambiente. Ich war oft eingeladen in ihr gemütliches Heim in der Cottagegasse und genoss das dort Gebotene. Spezialität des Hauses war Rindfleisch mit den dazu gehörenden Beilagen. Mehlspeisen anzufertigen überließ sie meist ihrem treu ergebenen Hausgeist.

Ihre Schönheit anzuschauen, war mir nach wie vor eine große Freude. Wie photogen sie noch im Alter war, kann man gelegentlich feststellen, wenn alte Folgen von der Fernsehserie „Schlosshotel Orth" wiederholt werden.

Einmal, es war im Juni des Jahres 1995, gab es einen gemeinsamen Auftritt von uns beiden bei einer der traditionellen Sonntagsmatineen beim Heurigen Schübel-Auer. Diesmal durfte die liebe Marianne keine Marzik-Gedichte lesen, die sollten der Autorin vorbehalten bleiben. Wir lasen also – das Programm ist erhalten geblieben – gemeinsam 4 Haikus, sie das Original, ich meine Parallelen dazu, dann kam sie mit dem „Pagen von Hochburgund", ich mit meiner wienerischen Paraphrase „Der Lehrbua". Marianne las Weinhebers „Zwillinge", ich wiederum „Allen Zwillingen zum Geburtstag", sie ein Geburtstagsgedicht der Mascha Kaléko, ich mein „Wenn ich mir was wünschen dürft". Dann nochmals Marianne mit Eugen Roths „Torte", und zum Schluss teilten wir uns mein Gedicht „Beim Heurigen in Nussdorf", jede ein paar Zeilen.

Im Dezember war sie noch auf der Bühne des Raimundtheaters zu sehen, als Großmutter, in einem Stück für Kinder. Auf die Einladung hat sie mir noch geschrieben:

Liebe Trude – bitte nach der Vorstellung in den VIP Raum 3. Stock. Bussi Marianne

Die Briefschreiberin war eher ich. Sie war eher für die Kurzmitteilungen. Ich habe noch unzählige Ansichtskarten von ihr, aus der ganzen Welt, vor allem aber aus England, wenn sie ihre Tochter dort besucht hat. Denn die Töchter und deren Kinder waren ihre Freude und ihr Stolz. Wenngleich sie öfter Kritik an ihnen übte.

Ich erinnere mich an unsere häufigen Telefongespräche, meist um 8 Uhr morgens, das war unsere Telefonstunde. Da hat sie oft ihrem Ärger, ihren Kränkungen Luft gemacht – und sie hat sich oft geärgert und sich oft gekränkt gefühlt, auch die Zuneigung ihrer Verehrerinnen, ihrer Fans hat sie durchaus nicht immer geschätzt. Da war es meine Aufgabe, sie zu beruhigen, auszugleichen. „Sei nicht so gütig!" hat sie mich dann im Scherz getadelt.

Allmählich begann ihr die Gesundheit Probleme zu machen. Nur wenige Freunde wurden ins Vertrauen gezogen. Es gab ja durchaus keinen Grund, derlei an die große Glocke zu hängen, besonders bei diesem so schwierigen Beruf. Sie unterzog sich einer Operation und notwendigen Nachbehandlungen mit eiserner Disziplin. Ohne ihre Fernseharbeit zu unterbrechen. „Ein altes Zirkuspferd" pflegte sie sich zu nennen. Doch alle Disziplin, alle Kraftanstrengung halfen eines Tages nicht mehr – sie brach zusammen und musste ins Krankenhaus. Von dort, es war im Februar, rief sie mich an. Ich solle sie besuchen und ihr ein Grillhendel mitbringen, mit Erdäpfelsalat. „Ein halbes?" fragte ich. „Nein, ein ganzes!" bestellte sie. Und das brachte ich ihr wunschgemäß mit. Ob sie es gegessen hat, weiß ich freilich nicht. An unser Gespräch kann ich mich noch erinnern. Über ihre Tochter, die Ärztin, hat sie sich beklagt, sie wollte sich nicht bevormunden lassen, und dass sie, die Tochter, sich um ihre Mutter Sorge machte, ließ sie erst nach gutem Zureden von meiner Seite zu. „Sei nicht so gütig!" kam wieder einmal ihr alter Spruch. Sie durfte das Krankenhaus bald verlassen. Von nun an setzten sich unsere morgendlichen Telefongespräche fort, besonders intensiv, denn Marianne hatte eine besondere Sorge: Sie sollte den Professorentitel verliehen bekommen und wusste nicht recht, wie sie auf Laudatio und Verleihung antworten und danken sollte. Ich riet ihr zu ein paar schlichten Worten, denn ihr Gesundheitszustand schien mir für Ausführlicheres nicht stabil genug zu sein.

Am 5. März 1997 wurde ihr in einer kleinen Feierstunde, zusammen mit Rudolf Buczolich, das Dekret über die Verleihung des Titels überreicht. Familie und Freunde waren in reicher Zahl vorhanden. Marianne, wieder einmal wunderschön in einem roten Seidenkostüm; dass sie schon recht krank war, ließ sie sich natürlich nicht anmerken – Zirkuspferd. Man ging nachher feiern, glaube ich. Ich war nicht dabei, musste selber „aufsagen gehen" – einer der vielen Sprüche, die sie oft benützte, und die ich meinem Sprachgebrauch einverleibt habe.

Unseren Geburtstag konnten wir nicht mehr gemeinsam feiern Unsere morgendlichen Telefonate hatten aufgehört. Sie war zuhause, man hatte ihr eine Pflegeperson verschafft, die Tochter kam täglich vorbei, um das Nötige an ärztlicher Versorgung zu leisten. Es war ihr vergönnt, in ihrer gewohnten Umgebung und gut versorgt ihre Tage zu beschließen. Ein sanftes Dahindämmern muss es wohl gewesen sein. Endlich, am 9. Juli war das Erwartete eingetreten, Marianne hatte diese Welt verlassen. 20 Jahre Freundschaft – eine lange

Zeit. Ist man da traurig? Oder nicht eher dankbar, eine solche enge Verbundenheit erlebt haben zu dürfen?

Bei einer unserer Stammtischrunden, die sie einmal monatlich eingeführt hatte, beim Heurigen in Nussdorf, wo sie ihre Freunde und Freundinnen, gelegentlich auch Kollegen vom Theater um sich versammelte, hatte sie den Wunsch geäußert, diesen Stammtisch fortzuführen, auch wenn sie nicht mehr unter uns weilen sollte.

Diesem Wunsch sind wir gerne nachgekommen, ihr Kreis, dessen unbestrittener Mittelpunkt sie war. Sie hatte ja eine große Anziehungskraft auf die Menschen, war eine so starke Persönlichkeit und wirkt lange über ihren Tod hinaus. Ihr Grab am Hernalser Friedhof besucht, wer gerade in der Nähe ist, und besonders zu unserem Zwillingsgeburtstag natürlich. Ihre besondere Freundin, die das schöne Restaurant an der Donau führt, veranstaltet in regelmäßigen Abständen kleine Gedenkfeiern, in denen musiziert und rezitiert wird, Töchter und Enkelkinder tun mit, Schüler und Schülerinnen, die von ihr Sprechen und auch ein wenig Lebensart gelernt hatten, und natürlich Vertreter ihres Publikums. Marianne Schönauer kann nicht so leicht vergessen werden, da sind wir alle einig. Wir zitieren sie ja auch oft, manche ihrer Aussprüche sind geflügelte Worte geworden.

Nach eifrigen Bemühungen diverser einflussreicher Bürger und Politiker hat sich die Döblinger Bezirksvorstehung entschlossen, den kleinen, bisher noch namenlosen Straßenzug ganz in der Nähe ihrer Wohnung nach ihr zu nennen. Am 10. November 2000 wurden die Straßentafeln enthüllt, alle ihre Freunde waren dabei, auch die Familie, sogar der Abt von Melk war erschienen. Und nach dieser Feierlichkeit fand man sich zu einem kleinen Trankopfer zusammen, natürlich beim Stammheurigen. Es war recht lustig und gemütlich, ganz im Sinne der teuren Verblichenen. Da bin ich sicher.

Kurt Sowinetz

Der „Sowerl", unser vielgeliebter Kurti, hat uns verlassen. Viel, und von vielen geliebt, ja, das war er. Jedesmal, wenn uns ein uns Nahestehender verlässt, stellt man sich die Frage: Wann habe ich ihn eigentlich zum letzten Mal gesehen? Das muss wohl in Tulln gewesen sein, bei einer Matinee. Da sind wir nachher noch beisammen gesessen. Wir sollten wieder einmal was miteinander machen, hat er gemeint, und mir dabei mit dem gewissen Silberblick in die Augen geschaut.

Ja, Kurti, das sollten wir, hab ich gesagt.

Wer kann denn ahnen, dass es kein wieder einmal, kein nächstes Mal geben wird. Für alles gibt es ein letztes Mal, wie schade oder auch wie gut, dass man das Wann nicht weiß. Ich habe den Kurt Sowinetz gar nicht besonders oft getroffen, und doch habe ich mich ihm außerordentlich nahe gefühlt.

Das machte die gemeinsame Arbeit.

Es muss 1971 oder 1972 gewesen sein, meine „Kuchlkredenz" war schon erschienen, als ich vom damals hochaktiven Johannes Fehring zur Mitarbeit an einer Schallplatte für Kurt Sowinetz aufgefordert wurde. Völliges Neuland für mich, aber faszinierend gerade darum. Zwei Gedichte aus meinem ersten Buch wollte er verwenden, „Unterm Packpapier" und „I wer blad", einen dritten Text sollte ich noch schreiben. Ich schrieb ein hinterfotziges Wienerlied „I bin dahaam", von Toni Stricker ebenso hinterfotzig vertont.

Die Platte wurde ein Erfolg und verkaufte sich gut, insbesonders das Titellied „Alle Menschen san ma zwider", Text von Wolfgang Teuschl, Musik frei nach Beethoven –

auch nicht schlecht. Mein „I wer blad" wurde oft und gern gespielt im Rundfunk, damit konnte sich so mancher identifizieren.

So war ich einer der Leibautoren für den Kurti geworden. Teamarbeit war für mich, die ich bisher im stillen Kämmerlein vor mich hingedichtet hatte, neu und beglückend. Die erste Sitzung, die unser aller Meister, Johannes Fehring, besser gesagt sein Eheweib einberief, betraf nur die Textautoren, meist drei an der Zahl. Uns legte man nahe, sich was einfallen zu lassen. Bei der nächsten Zusammenkunft mussten wir unsere Texte herzeigen, da waren dann schon die Komponisten dabei, und manchmal sogar schon der Kurti. Die Texte wurden reihum gereicht, und jeder musste seine ehrliche Meinung dazu sagen, eine peinliche Sache, aber Fehring meinte, das müsse sein. Wenn dann endlich die für eine LP in Frage kommenden 12 Titel ausgewählt waren, wurden sie den Komponisten zugeteilt, meist auch drei an der Zahl. Im Lauf der Jahre variierten die Textautoren ein wenig, der harte Kern aber blieb.

„Sowerl" kam meist erst dann hinzu, wenn die Auswahl schon getroffen war, und das war gut so. Er neigte nämlich sehr zu tiefschürfenden Gesprächen, man redete stundenlang, und nach etlichen Gläsern Rotwein wurde Kurti immer tiefsinniger. Wenn's zu arg war mit dem Philosophieren, ging ich heim. Zum Textschreiben brauchte ich ihn nicht persönlich. Mir genügte es, mich in ihn hineinzuversetzen, seine Töne auszuloten und mir auszudenken, welche Figur er darstellen konnte. Er war ja Schauspieler und kein Sänger, also musste man ihm Rollen auf den Leib schreiben, musikalische Monologe.

Mir lag viel daran, seine Vielseitigkeit zu zeigen, aber auch seine Ernsthaftigkeit. Das war er, ein ernsthafter Spaßmacher.

Ich schrieb ihm kleine Leute zu, den Untermieter Sedlacek, die Häuselfrau, die einmal Balleteuse war, den erfolglosen Schauspieler, der sein Lampenfieber im Alkohol ertränkt.

Bei „Klaa, jung, alt", das an Hand des Brotpreises die Lebensstationen eines älteren Mannes zeigt, hat er mir gestanden, er müsse beim Lernen des Textes immer weinen. Er war leicht gerührt, der Kurti. Aber das sei ihm gar nicht recht, meinte er. Die Zuhörer sollen gerührt sein, nicht der Interpret.

Von seinen vielen Talenten ist viel geschrieben worden. Einmal war ich in seinem schönen Bauernhaus im Weinviertel eingeladen. Auf der Wiese tummelten sich zwei Pferde, das Haus war sehr komfortabel umgebaut worden, aber so behutsam, dass es immer noch ein Bauernhaus war, mit dem schönen Innenhof und einem Keller für Erdäpfel und Wein. Eine Werkstatt hatte er sich eingerichtet, sein Allerheiligstes, da standen seine Bilder, an denen er gerade malte, und die verschiedenen Basteleien, auch die winzige Dampfmaschine, die er voll kindlicher Freude vorführte. Das Mittagessen war köstlich. Kochen konnte er nämlich auch.

Nur zu öffentlichen Auftritten abseits vom Theater war er nicht zu bewegen. Singen im Tonstudio ja, vor Publikum nein.

Schallplatten machte er schließlich keine mehr. Der Publikumsgeschmack hatte sich geändert. Lieder, bei denen man aufmerksam zuhören musste, waren nicht mehr gefragt.

Aber Kurt Sowinetz war am Burgtheater, auch unter der neuen Direktion, reichlich beschäftigt.

Ich glaube, er hatte keine Feinde, auch nicht in den neidischen Kollegenkreisen. Er wirkte so verwundbar, so schutzbedürftig. Nachdenklich, aber nicht intellektuell. Ein „Einwendiger", wie es im Wienerischen so treffend heißt.

Er konnte spielen, was er wollte, es geriet ihm alles, nicht vom Kopf her, sondern vom Gespür, vom Gemüt.

Er war genial.

Zum Glück gibt es noch Schallplatten von ihm, Fernsehaufzeichnungen, damit wir auch später noch wissen, was wir an ihm, dem kleinen, unscheinbaren Großen, verloren haben.

„Ein Komiker ist abgetreten

Er war einer von den Stillen,
seine Komik war nie laut,
eher schüchtern, ohne Brillen
schutzlos, nackt, mit dünner Haut,

brachte er uns oft zum Lachen.
Shakespeares Narr, ein dummer Clown.
Lachen und auch Weinen machen
konnte er durch bloßes Schaun.

Und er war unendlich weise,
aber eigentlich nicht klug,
und er war unendlich leise.
Was er tat, es war genug.

Ja, wir werden ihn vermissen,
denn wir liebten ihn so sehr.
Doch er ging aus den Kulissen,
und die Bühne ist jetzt leer.“

Georg Strnadt

Von Georg Strnadt habe ich das erste Mal durch meinen Freund Lambert erfahren. Er, der gerne in Gesellschaft Mundartgedichte vortrug, hat mir ein paar besonders köstliche abgeschrieben und zum Lesen gegeben, den „Liebeskummer", die „Urlaubsimpressionen von der Adria" und das „Konzert in Filzpotschn". Die haben mir sehr gefallen, und es ist durchaus möglich, dass der Titel meines ersten Buches „Aus der Kuchlkredenz" sich ein bisschen an Strnadts „Aus da mittlan Lod" anlehnt. Ein kleines Gedicht, das ich ihm geschickt und dessen Abschrift ich neulich gefunden habe, deutet darauf hin:

Aus der Kuchlkredenz an die Mittlere Lod
Betrifft: Blumensamen

„Weil i grad in Stimmung bin,
wer i dir zehn Schilling borgen.
Kommst dirs holn, am besten morgen.
Net verprassen, net versaufen!
Glei zum Greißler gehn und kaufen!

Weil i grad bei Kassa bin,
wer i dir zehn Schilling geben.
Aber du kannst was erleben,
kriag i dann kan Blumenstrauß!"

In Strnadts Buch „Aus da mittlan Lod" gibt es nämlich ein Gedicht „waun i zen schüling hed dann gang i zu mein greißla um an gmischten blumensaman".

Postwendend kam die Antwort:

„Laung howi bladld und daun gfluacht
fageblich howi de zen schüling gsuacht
waunimas söwa heit a leicht daschboa
wos fua fiazg joa für mi a klas famögn woa
so kriag i jetzn im fagleich zu fria
a anzigs bleamal um des söwe göd dafia
des zoit si doned aus, dasma des schenkt
do is' do gscheida, wauma si wos denkt
so denk i ma, wari fileicht a milionea
i gawat sofü bluman ois wia domois oisa oama hea.

Worauf ich begeistert weiterdichtete:
Schurl, mir zwa haun si zsamm auf a Packel!
(Hörst, Schurl, i steh auf dein Schmäh!)
D'Arbeit und d'Einkünft, die tan ma si teilen,
des wär do a klasse Idee.
S'Gschäft könn ma ghalten. Da schreib ma aufs Türl:
„und Dichterei" ganz diskret.
Du derfst di plagn und derfst weiter brav dichten,
und i bin die Antiquität ..."

(Georg Strnadt hatte nämlich ein Antiquitätengeschäft.) Zu einer solchen Zusammenarbeit ist es freilich nicht gekommen. Wir haben wohl im Lauf der Jahre ein paarmal gemeinsam gelesen, für den ORF auf der Messe, für den ORF im Fernsehen. Das letzte Mal, glaube ich, bei dem Conrads-Jubiläum zu dessen 65. Geburtstag, haben wir ihm gemeinsam gratuliert und danach bei einem Glas Wein beschlossen, wir könnten einander endgültig „Du" sagen.

Aber dazu haben wir keine Gelegenheit mehr gehabt.

Peter Wehle

Als ich im Jahre 1946, unmittelbar nach dem Ende des großen Krieges, im Kabarett „Bei Fred Kraus" in Salzburg mitspielen durfte, hieß die Eröffnungspremiere „Das spricht Bände". Der Text war von Aldo von Pinelli, die Musik von Peter Wehle, Fred Kraus spielte die Hauptrolle, und der sechsjährige Peter Kraus saß in der ersten Reihe und sah zu. Eine persönliche Bekanntschaft mit Peter Wehle fand in dieser chaotischen Nachkriegszeit nicht statt.

Anfang der siebziger Jahre, also Jahrzehnte später, habe ich bei einer Buchpräsentation Peter Wehle unter den Gästen erspäht. Obwohl ich das ungern tue, bin ich über meinen Schatten gesprungen und habe ihn angesprochen.

„Sie werden mich bestimmt nicht kennen!"

„Geben Sie mir a Stichwort!"

„Salzburg. Kabarett Fred Kraus. Ich war die Trude Reiser." (Das war damals mein Künstlername.)

„Und wer sind Sie jetzt?" reagierte er blitzschnell.

„Jetzt bin ich die Trude Marzik!"

„Was! Sie sind die Trude Marzik? Und von Ihnen hab ich mir ein Buch gekauft!"

Von nun an riss der Kontakt zwischen uns nie mehr ab. Wenn wir gerade nichts anderes zu tun hatten, haben wir sogar, ohne Auftrag, nur aus Spaß, ein paar kleine Lieder miteinander gebastelt. Welterfolge waren keine darunter. Dazu fehlte uns beiden das Durchsetzungsvermögen. Die Freude an der Arbeit war uns wichtiger.

Wenn einer von uns ein neues Buch fertig hatte, ließ er es dem andern zukommen. Am Werden seiner Dissertation über die Gaunersprache, an manchen Höhen und Tiefen während der Arbeit daran, nahm ich lebhaft Anteil.

Endlich, im Oktober 1974, lud er zur Promotion ein, zur zweiten, Dr. jur. war er bereits, jetzt wurde er Dr.phil.

Alle 35 Jahre pflege ich zu promovieren, diesmal zum Dr.phil. stand auf der Einladung. Ein wenig beschämend fand ich es schon, dass niemand von der ganzen Kabarett-szene den Weg auf die Universität gefunden hatte, um bei diesem beeindruckenden Ereignis dabei zu sein. Der Peter hat sich nie darüber geäußert.

Er war ein später, aber umso hingebungsvoller, stolzer Vater, und der kleine Peter war ein hochbegabtes Kind. Ich erinnere mich, dass er mir einmal, als ich zu einem Arbeits-besuch gekommen war, beim Klavierspielen vorgeführt wurde. Ein Ebenbild seines Vaters, eine Miniaturausgabe von ihm und ebenso lebhaft wie er. Die Füße erreichten das Pedal noch nicht. Er spielte etwas Klassisches vor, Haydn oder Mozart, um dann in Swing und Boogie überzuwech-seln. Mir kamen vor Bewunderung und Entzücken die Trä-nen. Peter senior strahlte.

Er war einer der gescheitesten Menschen, die ich je ken-nengelernt hatte. Ich erinnere mich mit Vergnügen an einen gemeinsam verbrachten Sommertag. Er hatte sich ein Häus-chen mit Garten zugelegt, am Mühlwasser. Dort schrieb er an seinem neuen Buch, und er lud mich ein, den Tag mit ihm zu verbringen und diese Neuerwerbung zu begutach-ten. Badeanzug mitbringen, hieß es.

Wir vertrödelten den Tag im Garten, gingen ein wenig schwimmen inmitten von Schlamm und Seerosen, labten uns zu Mittag an einem Würstelstand, und dazwischen redeten, redeten, redeten wir. Hauptsächlich über Werke, die im Entstehen waren. Er arbeitete gerade an seinem „lachenden Zweiten" und erzählte von seinem Buch, von seinem Leben. Erlebt hatte er, wie es unseren Jahrgängen zukommt, eine ganze Menge. Ihm zuzuhören machte beinahe schwindlig, so sehr sprühte er vor Witz und Wortspielereien.

Dagegen kam ich mir recht schwerfällig vor. Aber er verlangte ohnehin nicht von mir, dass ich viel zur Unterhaltung beitrug. Er brauchte – Kabarettist – ein Publikum, das ihm zuhörte und Beifall spendete. Der war ihm von meiner Seite sicher. Es war ein höchst anregender, unterhaltsamer Tag.

Mit 72 Jahren, was ja heutzutage kein Alter ist, wurde er rasch, nach kurzer Krankheit, abberufen.

Wie mir seine Frau nachher schrieb, waren sie mit der Renovierung des Häuschens in dem von ihm so geliebten Garten vier Tage vor seinem Schlaganfall fertiggeworden.

Trude Marzik

Edeltrud Marczik (Künstlername Trude Marzik) wurde am 6. Juni 1923 in Wien-Hernals geboren und verstarb 93 jährig im Dezember 2016. Das Dichten und Reimen begleitet sie seit ihrer Kindheit, als sie für die Eltern Krampusverse und gereimte Schulaufsätze verfasste. Sie studierte an der Universität Wien zunächst Anglistik und Germanistik und nahm privaten Schauspielunterricht. Die Verpflichtung zum Arbeitsdienst zwang sie jedoch, das Studium aufzugeben. Nach Kriegsende verdiente sich Marzik ihr Geld zunächst durch Kabarettauftritte bei Fred Kraus und im „Lieben Augustin" bei Fritz Eckhardt. Sie verließ aber aus persönlichen Gründen die Bühne und wechselte zur Fluggesellschaft Pan American. Bedingt durch den Beruf und die Geburt ihres Sohnes blieb Marzik in diesen Jahren wenig Zeit zum Schreiben. Erst ab 1968 entstanden wieder regelmäßig Gedichte. Als „Schicksalsgedicht" bezeichnete sie selbst die Verse „Mei Bua", die sie zum ersten Mal auf der Hochzeit ihres Sohnes vortrug und das in Folge durch Heinz Conrads im Rahmen seiner Radiosendung einer breiteren Öffentlichkeit vorgestellt wurde. Der ORF bezeichnete das später als ihren „Durchbruch", durch den sie weithin bekannt wurde.

1971 erschien „Aus der Kuchlkredenz", es folgte eine Reihe von Gedicht- und Prosabänden, alle ausgezeichnet mit liebevollem Humor und Wiener Charme. Mit ihrem autobiographischen Werk „Geliebte Sommerfrische" (1994) setzte sie sowohl dem Phänomen der Sommerfrische als auch den niederösterreichischen Kamptal Sommerfrische-Orten Plank und Kamegg, wo sie einige Sommer verbrachte, sowie Gars, das sie nur mehrmals besuchte, ein literarisches Denkmal. In ihrem Buch „Parallelgedichte" (1973) übersetzte sie Lyrik von Goethe, Eichendorff, Rilke, Kästner und Brecht ins Wienerische. Ihre Gedichtbände sind vorwiegend in Mundart. Der Roman „Romeo Spätlese" (1998) ist eine heitere Romeo und Julia-Geschichte, die im Altersheim spielt. 2000 blickte Trude Marzik in „Am Anfang war die Kuchlkredenz" zurück auf beinahe 30 Jahre als Autorin. Rechtzeitig zum 80. Geburtstag der Autorin erschienen 2003 „Schlichte Gedichte".

"Trude Marzik verkörpert wie kaum eine andere zeitgenössische Autorin das typisch 'Wienerische' und steht nicht nur für anspruchsvolle und lesbare, sondern auch für verkäufliche Literatur", würdigte die Expertenjury bei der Verleihung des Buchpreises der Wiener Wirtschaft 2008 den liebevollen Humor sowie den Wiener Charme der Texte der Erzählerin und Lyrikerin. Hans Weigel sagte über Marzik einmal, dass sie „das Wienerische als Umgangssprache in den verschiedensten Spielarten vom Salon bis zum Gemeindebau und von der Zwischenkriegszeit bis in die Gegenwart beherrscht". (derstandard.at)

Buchempfehlungen

Wolfgang Stanicek /
Wolfgang Bacher (Hg.)
Erich Meder.
Ein Schlagertexter als Chronist
der Wiener Seele
Format: 16,5 x 23 cm,
Hardcover, ca. 200 Seiten
ISBN: 978-3-99024-705-1
Preis: ca. € 26,90

Erich Zib /
Marion Zib-Rolzhauser
Wienerlieder
von gestern und heute
Band 1 (Neuauflage)
Format: 15 x 21 cm,
Hardcover, ca. 230 Seiten
ISBN: 978-3-99024-507-1
Preis: ca. € 19,90